Sonetos
da
Portuguesa

Elizabeth Barrett Browning

SONETOS
DA
PORTUGUESA

TRADUÇÃO E POSFÁCIO
LEONARDO FRÓES

Rocco

Copyright tradução e posfácio © 2011 by Leonardo Fróes

Direitos desta edição reservados à
EDITORA ROCCO LTDA.
Av. Presidente Wilson, 231 – 8º andar
20030-021 – Rio de Janeiro – RJ
Tel.: (21) 3525-2000 – Fax: (21) 3525-2001
rocco@rocco.com.br | www.rocco.com.br

Printed in Brazil/Impresso no Brasil

Diagramação
Fatima Agra

CIP-Brasil. Catalogação na fonte.
Sindicato Nacional dos Editores de Livros, RJ.

B899s

Browning, Elizabeth Barrett, 1806-1861.
Sonetos da portuguesa / Elizabeth Barrett Browning; tradução e posfácio de Leonardo Fróes. – Rio de Janeiro: Rocco, 2011.
12,5 x 20 cm
Textos em inglês com tradução paralela em português
ISBN 978-85-325-2670-0

1. Poesia inglesa. – Século XIX. I. Fróes, Leonardo, 1944-. II. Título.

11-3361   CDD – 821
                                             CDU – 821.111-1

O beijo inicial que ele me deu
Foi só na mão com a qual agora escrevo
E se tornou mais límpida no enlevo;
Que, lenta ao mundo, logo percebeu
A voz dos anjos. Um anel de ametista
Nela não fora ao primeiro tão caro
Mais que o primeiro beijo a relevar,
O segundo, mais alto, a testa eleita
Quase cai no cabelo, um prêmio extra.
Foi a crisma do amor, que uma coroa
Da mais santa doçura punha em festa.
O terceiro, na boca, ainda ressoa
Rubro, perfeito orgulho que me resta
Ao te dizer "Amor és meu" à toa.

I

I thought once how Theocritus had sung
Of the sweet years, the dear and wished-for years,
Who each one in a gracious hand appears
To bear a gift for mortals, old or young:
And, as I mused it in his antique tongue,
I saw, in gradual vision through my tears,
The sweet, sad years, the melancholy years,
Those of my own life, who by turns had flung
A shadow across me. Straightway I was 'ware,
So weeping, how a mystic Shape did move
Behind me, and drew me backward by the hair;
And a voice said in mastery, while I strove –
"Guess now who holds thee?" – "Death", I said. But, there,
The silver answer rang – "Not Death, but Love."

Elizabeth Barrett Browning

1

Já pensei em Teócrito a cantar
Os anos doces, desejados, bons,
Que com mãos graciosas tantos dons
A todos os mortais parecem dar.
Eu, em sua língua antiga cismando,
Por entre lágrimas aos poucos via
Os anos doces de melancolia
Que em minha vida triste iam lançando
Uma sombra por cima. E então notava
Que uma mística forma se movia
Por trás; pelo cabelo me puxava,
Impondo-me na voz supremacia.
"É a Morte que me agarra?" eu perguntava.
"É Amor", a voz de prata me dizia.

II

But only three in all God's universe
Have heard this word thou hast said – Himself, beside
Thee speaking, and me listening! and replied
One of us ... that was God, ... and laid the curse
So darkly on my eyelids, as to amerce
My sight from seeing thee, – that if I had died,
The death weights, placed there, would have signified
Less absolute exclusion. "Nay" is worse
From God than from all others, O my friend!
Men could not part us with their worldly jars,
Nor the seas change us, nor the tempests bend;
Our hands would touch for all the mountain bars:
And, heaven being rolled between us at the end,
We should but vow the faster for the stars.

Elizabeth Barrett Browning

2

Mas só nós três neste universo infindo
Ouvimos a palavra que falaste:
Eu mesma e Deus e tu que a pronunciaste!
Deus respondeu... Estava me impedindo,
Ao malfadar-me as pálpebras no escuro,
De bem te ver – tal qual, se eu já morresse,
Nem o peso da morte oferecesse
Uma exclusão igual. O "não" mais duro
De todos é o de Deus, ó meu amigo!
Homens nos desunir não poderiam,
Nem o mar nos mudar, nem seu perigo;
Sobre os morros, as mãos buscar-se iriam:
E, sendo o céu entre nós dois o abrigo,
Nossas juras aos astros chegariam.

III

Unlike are we, unlike, O princely Heart!
Unlike our uses and our destinies.
Our ministering two angels look surprise
On one another, as they strike athwart
Their wings in passing. Thou, bethink thee, art
A guest for queens to social pageantries,
With gages from a hundred brighter eyes
Than tears even can make mine, to play thy part
Of chief musician. What hast thou to do
With looking from the lattice-lights at me,
A poor, tired, wandering singer, singing through
The dark, and leaning up a cypress tree?
The chrism is on thine head, – on mine, the dew, –
And Death must dig the level where these agree.

Elizabeth Barrett Browning

3

Desiguais somos, coração de infante!
Desiguais nos costumes, nos destinos.
Nossos anjos da guarda peregrinos
Estranham-se ao passar como se avante
Suas asas se chocassem. És, e o sabes,
Um refém de rainhas em sociais
Torneios, onde os olhos brilham mais
Que os meus em pranto, e o papel que te cabe
É reger a orquestra. Então, por que ali
Da luz dos janelões lançar um olhar
A um cantor que, um cipreste contra si,
Cansa e nas trevas canta sem parar?
Em mim, o orvalho do ar – o crisma em ti.
Lugar de encontro a Morte há de cavar.

IV

Thou hast thy calling to some palace floor,
Most gracious singer of high poems! where
The dancers will break footing, from the care
Of watching up thy pregnant lips for more.
And dost thou lift this house's latch too poor
For hand of thine? and canst thou think and bear
To let thy music drop here unaware
In folds of golden fullness at my door?
Look up and see the casement broken in,
The bats and owlets builders in the roof!
My cricket chirps against thy mandolin.
Hush, call no echo up in further proof
Of desolation! there's a voice within
That weeps... as thou must sing... alone, aloof.

Elizabeth Barrett Browning

4

A um palácio te chama a vocação,
Grácil cantor de alta poesia! Onde
Quem dança às vezes nem se corresponde,
Tanto nos lábios teus põe a atenção.
Virás abrir o trinco desta casa
Tão pobre a ti? Suportarás que a tua
Música à minha porta se destrua
Sem audição no ouro em que se vaza?
Tudo aqui, tão quebrado, é tão ruim,
Há morcegos, corujas no telhado!
Meu grilo arranha ante teu bandolim.
Silêncio! Não quero eco ao meu estado
De desolação. Há uma voz em mim
Que, enquanto cantas, chora ao descampado.

V

I lift my heavy heart up solemnly,
As once Electra her sepulchral urn,
And, looking in thine eyes, I overturn
The ashes at thy feet. Behold and see
What a great heap of grief lay hid in me,
And how the red wild sparkles dimly burn
Through the ashen grayness. If thy foot in scorn
Could tread them out to darkness utterly,
It might be well perhaps. But if instead
Thou wait beside me for the wind to blow
The gray dust up... those laurels on thine head,
O my Beloved, will not shield thee so,
That none of all the fires shall scorch and shred
The hair beneath. Stand farther off then! go.

Elizabeth Barrett Browning

5

Pesa-me o coração, solene o ergo,
Como Electra sua urna funerária,
E, ao olhar nos teus olhos, logo jogo
Cinza a teus pés. Vês como é grande e vária
A dor oculta em mim amontoada?
Como ardentes centelhas tornam rubra
A alvura do pó? Que eu desdém descubra
No teu gesto de as ter pisoteadas,
Talvez seja melhor. Mas se, em vez disso,
Esperas junto a mim que o vento vá
Assoprar cinzas, não pense que o viço
Dos louros teus, meu bem, te escudará
De chamuscar no fogo movediço
A pele, os pelos. Longe pois vai já!

VI

*Go from me. Yet I feel that I shall stand
Henceforward in thy shadow. Nevermore
Alone upon the threshold of my door
Of individual life, I shall command
The uses of my soul, nor lift my hand
Serenely in the sunshine as before,
Without the sense of that which I forbore –
Thy touch upon the palm. The widest land
Doom takes to part us, leaves thy heart in mine
With pulses that beat double. What I do
And what I dream include thee, as the wine
Must taste of its own grapes. And when I sue
God for myself, He hears that name of thine,
And sees within my eyes the tears of two.*

Elizabeth Barrett Browning

6

Foge de mim que sinto que estarei
Para sempre à tua sombra. Nunca mais
Sozinha na soleira dos portais
Da vida individual comandarei
Minha alma ou erguerei serenamente
A mão no sol, como fazia antes,
Sem a impressão de ausente ter no instante
Teu toque na palma. Quer sina tente
Nos separar, teu coração colou
No meu, que bate em dobro. Se algo faço
Ou sonho, isso te inclui, como sobrou
Uva no vinho por sabor. Se peço
A Deus por mim, teu nome ele escutou,
Vendo o pranto de dois neste olhar baço.

VII

The face of all the world is changed, I think,
Since first I heard the footsteps of thy soul
Move still, oh, still, beside me, as they stole
Betwixt me and the dreadful outer brink
Of obvious death, where I, who thought to sink,
Was caught up into love, and taught the whole
Of life in a new rhythm. The cup of dole
God gave for baptism, I am fain to drink,
And praise its sweetness, Sweet, with thee anear.
The names of country, heaven, are changed away
For where thou art or shalt be, there or here;
And this... this lute and song... loved yesterday,
(The singing angels know) are only dear
Because thy name moves right in what they say.

Elizabeth Barrett Browning

7

Toda a face do mundo está mudada
Desde que ouvi tua alma a passos calmos
Mover-se em torno a mim e a poucos palmos
Entre meu ser e a fraga horrorizada
Da morte óbvia onde eu, se já imergia,
Fui salva pelo amor. Mas tudo aprendo
Da vida em novo ritmo. Eu me rendo
À taça do destino em que bebia
E louvo-lhe a doçura, se a teu lado.
Céu e país, tudo mudou de nome,
Pois só me importa, aqui e ali, teu fado:
Este alaúde... esta canção que some
(E os anjos cantam) só serão lembrados
Pelo renome teu que aí assome.

VIII

What can I give thee back, O liberal
And princely giver, who hast brought the gold
And purple of thine heart, unstained, untold,
And laid them on the outside of the wall
For such as I to take or leave withal,
In unexpected largesse? am I cold,
Ungrateful, that for these most manifold
High gifts, I render nothing back at all?
Not so; not cold, – but very poor instead.
Ask God who knows. For frequent tears have run
The colors from my life, and left so dead
And pale a stuff, it were not fitly done
To give the same as pillow to thy head.
Go farther! let it serve to trample on.

Elizabeth Barrett Browning

8

Por minha vez, que posso dar-te, ó puro
E nobre doador que a honra e o ouro
De um coração trouxeste sem desdouro,
Depondo-os fora, lá ao pé do muro,
Para alguém como eu pegar ou não
Tão súbita largueza? Serei fria,
Ingrata, que não dê a esta honraria,
À grande oferta, retribuição?
Fria, de fato, não – mas desvalida,
Como Deus sabe. As lágrimas frequentes
Lavaram toda a cor de minha vida.
Restou um estofo morto que não sente
Onde à tua cabeça dar guarida.
Deixa-o para pisar e segue em frente!

IX

Can it be right to give what I can give?
To let thee sit beneath the fall of tears
As salt as mine, and hear the sighing years
Re-sighing on my lips renunciative
Through those infrequent smiles which fail to live
For all thy adjurations? O my fears,
That this can scarce be right! We are not peers,
So to be lovers; and I own, and grieve,
That givers of such gifts as mine are, must
Be counted with the ungenerous. Out, alas!
I will not soil thy purple with my dust,
Nor breathe my poison on thy Venice-glass,
Nor give thee any love – which were unjust.
Beloved, I only love thee! let it pass.

Elizabeth Barrett Browning

9

Dar o que eu posso dar pode estar certo?
Prostrado te deixar sob o meu pranto
A ouvir dos anos o anelar que tanto
Me volta aos lábios de renúncia, perto
Dos sorrisos sem vida que me impeço,
Malgrado os rogos teus? Como receio
Estar errada! Iguais não sendo, há meio
De amados nos tornarmos? Dói, confesso,
Ver que se inclui entre os mesquinhos quem
Apenas dá isto que eu dou. Adeus!
Não sujarei de pó tal brilho nem
No teu copo vou pôr venenos meus.
Seria injusto dar-te amor também,
Se só posso te amar andando ao léu!

X

Yet, love, mere love, is beautiful indeed
And worthy of acceptation. Fire is bright,
Let temple burn, or flax; an equal light
Leaps in the flame from cedar plank or weed:
And love is fire. And when I say at need
I love thee... mark!... I love thee – in thy sight
I stand transfigured, glorified aright,
With conscience of the new rays that proceed
Out of my face toward thine. There's nothing low
In love, when love the lowest: meanest creatures
Who love God, God accepts while loving so.
And what I feel, across the inferior features
Of what I am, doth flash itself, and show
How that great work of Love enhances Nature's.

Elizabeth Barrett Browning

10

Porém o amor, o puro amor, é lindo,
Merece aceitação. O fogo ardente
Queima tudo que encontra pela frente,
A mesma luz ao longe transmitindo.
O amor é fogo. E acaso se eu disser
Eu te amo, nota quão transfigurada
Em teu olhar me achei glorificada,
Cônscia dos novos raios que iam ter
Da minha face à tua. Nada é vil,
Por baixo que o amor for: a pequeneza
Do ser que o ama Deus fará gentil.
E o que ora *sinto*, sob esta incerteza
Disto que eu *sou*, por si brotou e viu
Que a obra do Amor reforça a Natureza.

XI

And therefore if to love can be desert,
I am not all unworthy. Cheeks as pale
As these you see, and trembling knees that fail
To bear the burden of a heavy heart, –
This weary minstrel life that once was girt
To climb Aornus, and can scarce avail
To pipe now 'gainst the valley nightingale
A melancholy music, – why advert
To these things? O Beloved, it is plain
I am not of thy worth nor for thy place!
And yet, because I love thee, I obtain
From that same love this vindicating grace,
To live on still in love, and yet in vain, –
To bless thee, yet renounce thee to thy face.

Elizabeth Barrett Browning

11

De todo então, se amar tem seu valor,
Dele indigna não sou. Este meu rosto
Pálido, as pernas bambas a que é imposto
Arcar com o coração, puro torpor
– O estafante viver de um menestrel
Que escalar cumes ansiou e agora
Mal se afina na música que chora
Ante um rouxinol. – Por que um tal papel
Conceder a tais coisas? Meu amado,
Eu não estou, é claro, à tua altura!
Porém só de te amar já me foi dado
Por este amor a graça que me cura
E é te amar sempre mais, sem resultado:
Te bendizer renunciando à figura.

XII

Indeed this very love which is my boast,
And which, when rising up from breast to brow,
Doth crown me with a ruby large enow
To draw men's eyes and prove the inner cost, –
This love even, all my worth, to the uttermost,
I should not love withal, unless that thou
Hadst set me an example, shown me how,
When first thine earnest eyes with mine were crossed,
And love called love. And thus, I cannot speak
Of love even, as a good thing of my own:
Thy soul hath snatched up mine all faint and weak,
And placed it by thee on a golden throne, –
And that I love (O soul, we must be meek!)
Is by thee only, whom I love alone.

Elizabeth Barrett Browning

12

De fato, até o amor que vou louvando
E que ao subir do peito para a testa
De um rubi me coroa e põe em festa
O olhar dos homens, seu valor provando,
Até este amor, que é tudo que prezamos,
Eu não devia amar demais. Mas, dando
O exemplo, tu não estavas me ensinando,
Nos primeiros olhares que trocamos,
A amor chamar amor? Assim falar
De amor não posso como coisa minha:
Pela alma a tua me arrastou a arfar
E colocou num trono de rainha.
Se amo é por ti (humilde quero estar),
Que amo somente e a quem amo sozinha.

XIII

And wilt thou have me fashion into speech
The love I bear thee, finding words enough,
And hold the torch out, while the winds are rough,
Between our faces, to cast light on each? –
I drop it at thy feet. I cannot teach
My hand to hold my spirit so far off
From myself – me – that I should bring thee proof
In words, of love hid in me out of reach.
Nay, let the silence of my womanhood
Commend my woman-love to thy belief, –
Seeing that I stand unwon, however wooed,
And rend the garment of my life, in brief,
By a most dauntless, voiceless fortitude,
Lest one touch of this heart convey its grief.

Elizabeth Barrett Browning

13

Queres que em fala eu torne o amor que sinto
Por ti, tendo as palavras necessárias,
E que a tocha eu exponha às ventanias,
Pondo luz entre os dois neste recinto?
Jogo-a a teus pés. A mão não sei mandar
Manter – de mim – o espírito afastado
Para em palavras provar o inalcançado
Amor que em mim calhou de se ocultar.
Não pois. Deixa o silêncio de mulher
Meu feminino amor te confiar,
Vendo-me assediada sem ceder
– Eu que as vestes da vida ia a rasgar
Por fortitude ousada e sem dizer,
Eu que temo passar-te o meu penar.

XIV

If thou must love me, let it be for nought
Except for love's sake only. Do not say
"I love her for her smile – her look – her way
Of speaking gently, – for a trick of thought
That falls in well with mine, and certes brought
A sense of pleasant ease on such a day" –
For these things in themselves, Beloved, may
Be changed, or change for thee, – and love, so wrought,
May be unwrought so. Neither love me for
Thine own dear pity's wiping my cheeks dry, –
A creature might forget to weep, who bore
Thy comfort long, and lose thy love thereby!
But love me for love's sake, that evermore
Thou mayst love on, through love's eternity.

Elizabeth Barrett Browning

14

Se tens de amar-me de algum modo,
Ama o amor, não mais, a meu respeito.
Não diga amar-me o olhar, o riso, o jeito
Suave de falar, ou o já pensado
Tal como eu penso e trouxe a certo dia
Um sentido de paz apetecido.
Porque em si estas coisas, meu querido,
Por elas ou por ti se mudariam.
Também não me ame se por compaixão
Ao secar minhas lágrimas. Quem tanto
Se apoia em ti talvez perca a ilusão
De amada ser, interrompendo o pranto.
Ama-me pelo amor tão só que, então,
Hás de amar-me no eterno deste enquanto.

XV

Accuse me not, beseech thee, that I wear
Too calm and sad a face in front of thine;
For we two look two ways, and cannot shine
With the same sunlight on our brow and hair.
On me thou lookest with no doubting care,
As on a bee shut in a crystalline;
Since sorrow hath shut me safe in love's divine,
And to spread wing and fly in the outer air
Were most impossible failure, if I strove
To fail so. But I look on thee – on thee –
Beholding, besides love, the end of love,
Hearing oblivion beyond memory;
As one who sits and gazes from above,
Over the rivers to the bitter sea.

Elizabeth Barrett Browning

15

Não me acuse jamais, te imploro, pelo
Meu rosto triste e calmo ante do teu;
A mesma luz, se a cada o jeito seu,
Não pode nos dourar fronte e cabelo.
Cuidas de mim com máxima atenção,
Qual de uma abelha em vidro cristalino;
Presa de dor, e a salvo, no divino
Amor, como as asas abrir e não
Cair, se voar no ar me é proibido
E eu hesito tentar? Mas, se a ti olho,
Em ti o fim do amor é pressentido,
Oblívio e não memória é o que já colho:
Como alguém lá do alto, além dos idos
Rios, contempla o amargo mar de escolhos.

XVI

And yet, because thou overcomest so,
Because thou art more noble and like a king,
Thou canst prevail against my fears and fling
Thy purple round me, till my heart shall grow
Too close against thine heart henceforth to know
How it shook when alone. Why, conquering
May prove as lordly and complete a thing
In lifting upward, as in crushing low!
And as a vanquished soldier yields his sword
To one who lifts him from the bloody earth,
Even so, Beloved, I at last record,
Here ends my strife. If thou invite me forth,
I rise above abasement at the word.
Make thy love larger to enlarge my worth.

Elizabeth Barrett Browning

16

Como és nobre porém, como és um rei,
E que nisso por certo me dominas,
Podes vencer o medo meu e apenas
Cingir de cor meu coração que hei
De ver crescer junto do teu lembrando
Como tremia só. Ora, a conquista
Bem será majestosa e finalista,
Quer eleve ou rebaixe onde tem mando.
O soldado vencido entrega a espada
Ao que o ergue da ensanguentada lama.
Enfim me dou, amado, à derrocada,
Minha luta termina. Se me chamas
Além, me altearei não degradada.
Maior valor é o meu se amor tu somas.

XVII

My poet, thou canst touch on all the notes
God set between his After and Before,
And strike up and strike off the general roar
Of the rushing worlds a melody that floats
In a serene air purely. Antidotes
Of medicated music, answering for
Mankind's forlornest uses, thou canst pour
From thence into their ears. God's will devotes
Thine to such ends, and mine to wait on thine.
How, Dearest, wilt thou have me for most use?
A hope, to sing by gladly? or a fine
Sad memory, with thy songs to interfuse?
A shade, in which to sing – of palm or pine?
A grave, on which to rest from singing? Choose.

Elizabeth Barrett Browning

17

Tocas todas as notas, meu poeta,
Que Deus insere entre antes e depois
E dos mundos em choques colossais
Extrais a melodia que os aquieta
Flutuando no ar. As musicais
Essências, para uso da perdida
Humanidade, acabarão vertidas
Nos ouvidos alheios. Deus a tais
Fins te destina e, a mim, a secundar.
Mas que uso eu terei se tu me acolhes?
O da alegre esperança à qual cantar?
O da triste lembrança que nos tolhe?
O de sombra frondosa, ao recantar?
Ou o de cova, onde emudecer? Escolhe.

XVIII

I never gave a lock of hair away
To a man, Dearest, except this to thee,
Which now upon my fingers thoughtfully,
I ring out to the full brown length and say
"Take it." My day of youth went yesterday;
My hair no longer bounds to my foot's glee,
Nor plant I it from rose or myrtle tree,
As girls do, anymore: it only may
Now shade on two pale cheeks the mark of tears,
Taught drooping from the head that hangs aside
Through sorrow's trick. I thought the funeral-shears
Would take this first, but Love is justified, –
Take it thou, – finding pure, from all those years,
The kiss my mother left here when she died.

Elizabeth Barrett Browning

18

Nunca a um homem dei cacho de cabelo,
Exceto o que ora enrolo pensativa
Nos dedos para ti, sendo incisiva
Ao sabê-lo castiço e oferecê-lo:
"Toma, que a juventude já me foge!"
Meu cabelo não brilha à andança airosa
Nem perfumes lhe passo, mirta ou rosa,
Como as mocinhas: só consegue hoje
Cobrir no rosto o choro que o marcava,
Quando cai da cabeça que se inclina
Nos ardis da dor. É a morte, eu pensava,
Que um dia o cortará, e determina
Amor que o leves. O beijo que aí estava
Foi a mãe que, ao morrer, deu na menina.

XIX

The soul's Rialto hath its merchandise;
I barter curl for curl upon that mart,
And from my poet's forehead to my heart
Receive this lock which outweighs argosies, –
As purply black, as erst to Pindar's eyes
The dim purpureal tresses gloomed athwart
The nine white Muse-brows. For this counterpart,
The bay-crown's shade, Beloved, I surmise,
Still lingers on thy curl, it is so black!
Thus, with a fillet of smooth-kissing breath,
I tie the shadows safe from gliding back,
And lay the gift where nothing hindereth;
Here on my heart, as on thy brow, to lack
No natural heat till mine grows cold in death.

Elizabeth Barrett Browning

19

Troco cacho por cacho no mercado
Do Rialto da alma e, como seta
No coração, recebo do poeta
Sua mecha de preço inusitado,
Quase roxa de negra, como as tranças
Que sombreiam em Píndaro a tez clara
Das nove Musas. Nesta mecha rara
Há vestígios de escuro, nas mudanças
Das folhas de um loureiro a te cobrir,
E eu nos laços de um sopro a te beijar
Prendo as sombras que assim não vão fugir,
Pondo o presente, amor, onde o salvar:
No peito meu, vindo de ti, a unir
O calor que só a morte há de esfriar.

XX

Beloved, my Beloved, when I think
That thou wast in the world a year ago,
What time I sat alone here in the snow
And saw no footprint, heard the silence sink
No moment at thy voice, but, link by link,
Went counting all my chains as if that so
They never could fall off at any blow
Struck by thy possible hand, – why, thus I drink
Of life's great cup of wonder! Wonderful,
Never to feel thee thrill the day or night
With personal act or speech – nor ever cull
Some prescience of thee with the blossoms white
Thou sawest growing! Atheists are as dull,
Who cannot guess God's presence out of sight.

Elizabeth Barrett Browning

20

Quando penso que há um ano, meu querido,
Já pisavas em torno e eu só, na neve,
Não notava qualquer pegada leve
Nem ouvia o silêncio recolhido
Dar vez à tua voz, porque elo a elo
Ia contando o peso das correntes,
Sem perceber que um dia finalmente
Virias rebentá-las. Bebo, ao vê-lo,
Desta taça de espantos que é a vida!
Em noite ou dia nunca ouvi tremor
De fala ou gesto ao meu redor. Sentida
Presciência de ti não trouxe a flor
Que, alva, viste crescer! Deus à escondida
Tolos ateus não sabem como ver.

XXI

Say over again, and yet once over again,
That thou dost love me. Though the word repeated
Should seem "a cuckoo-song", as thou dost treat it,
Remember, never to the hill or plain,
Valley and wood, without her cuckoo-strain
Comes the fresh Spring in all her green completed.
Beloved, I, amid the darkness greeted
By a doubtful spirit-voice, in that doubt's pain
Cry, "Speak once more – thou lovest!" Who can fear
Too many stars, though each in heaven shall roll,
Too many flowers, though each shall crown the year?
Say thou dost love me, love me, love me – toll
The silver iterance! – only minding, Dear,
To love me also in silence with thy soul.

Elizabeth Barrett Browning

21

Diz e rediz, depois diz outra vez,
Que tu me amas. Palavra repetida
Parece pássaro a cantar? A cálida
Primavera sem ele nem talvez
Lançasse o verde em múltiplo matiz
Nas montanhas, no vale. Meu amor,
Cala a dúvida em mim, cala o torpor,
Dissipa a treva que me envolve, diz
"Eu te amo" uma vez mais. Quem vai temer
Mais uma estrela no céu rodopiando,
Mais uma flor o ano a enaltecer?
Diz "eu te amo, eu te amo" e, reiterando
Este dobre de prata, irás saber:
No silêncio da alma estás me amando?

XXII

When our two souls stand up erect and strong,
Face to face, silent, drawing nigh and nigher,
Until the lengthening wings break into fire
At either curved point, – what bitter wrong
Can the earth do to us, that we should not long
Be here contented? Think. In mounting higher,
The angels would press on us and aspire
To drop some golden orb of perfect song
Into our deep, dear silence. Let us stay
Rather on earth, Beloved, – where the unfit
Contrarious moods of men recoil away
And isolate pure spirits, and permit
A place to stand and love in for a day,
With darkness and the death-hour rounding it.

Elizabeth Barrett Browning

22

Quando em forte silêncio nossas almas
Face a face se colam soerguendo-se,
Suas asas, de súbito estendendo-se,
Incandescem nas pontas. Que mazelas
Pode a terra mandar para impedir
Tanto contentamento? Quanto mais
Os anjos sobem, mais nos dão sinais
De que esferas de ouro hão de cair,
Canto perfeito, no insular silêncio.
Melhor será estar na terra, em face
De quem, malgrado o espírito contrário
Aos de ânimo puro, ceda e trace
Um lugar de ficar um dia a fio
Amando, a morte à volta em negro enlace.

XXIII

Is it indeed so? If I lay here dead,
Wouldst thou miss any life in losing mine?
And would the sun for thee more coldly shine
Because of grave-damps falling round my head?
I marveled, my Beloved, when I read
Thy thought so in the letter. I am thine –
But... so much to thee? Can I pour thy wine
While my hands tremble? Then my soul, instead
Of dreams of death, resumes life's lower range.
Then, love me, Love! look on me – breathe on me!
As brighter ladies do not count it strange,
For love, to give up acres and degree,
I yield the grave for thy sake, and exchange
My near sweet view of Heaven, for earth with thee!

Elizabeth Barrett Browning

23

Será verdade então que, estando eu morta,
Tu perderias vida ao me perder?
Que o sol brilhasse frio ao te envolver
Da friúra final que me comporta?
Maravilhei-me, amor, ao te escutar
Falando assim na tua carta. Eu tua...
E tanto para ti? Eu que se amua
E treme, se algum vinho for te dar?
Mas tais sonhos de morte a alma penhora
Pelo alcance da vida. Amor, me ama,
Me olha, respira em mim! Não há senhoras
Que abrem mão, por amor, de acres e fama?
Eu por ti abandono a cova e, embora
Suave fosse o céu, a terra chama!

XXIV

Let the world's sharpness, like a clasping knife,
Shut in upon itself and do no harm
In this close hand of Love, now soft and warm,
And let us hear no sound of human strife
After the click of the shutting. Life to life –
I lean upon thee, Dear, without alarm,
And feel as safe as guarded by a charm
Against the stab of worldlings, who if rife
Are weak to injure. Very whitely still
The lilies of our lives may reassure
Their blossoms from their roots, accessible
Alone to heavenly dews that drop not fewer,
Growing straight, out of man's reach, on the hill.
God only, who made us rich, can make us poor.

Elizabeth Barrett Browning

24

Que a navalha do mundo, se for tida
Na quentura da mão do amor fechada,
Feche de um clique, sem lhe causar nada,
E não se ouça mais som da humana lida
Além daquele estalo. Vida a vida,
Em ti me apoio como a um talismã
Que me guarda do ataque, estando sã,
Dos mundanos covardes na acolhida
Que dão à injúria. Brancos como são,
Nossos lírios da vida na raiz
Hão de florir somente à purgação
Do rocio celeste em chão feliz,
Longe dos homens, lá na elevação.
Deus faz pobres os ricos, se assim quis.

XXV

A heavy heart, Beloved, have I borne
From year to year until I saw thy face,
And sorrow after sorrow took the place
Of all those natural joys as lightly worn
As the stringed pearls, each lifted in its turn
By a beating heart at dance-time. Hopes apace
Were changed to long despairs, till God's own grace
Could scarcely lift above the world forlorn
My heavy heart. Then thou didst bid me bring
And let it drop adown thy calmly great
Deep being! Fast it sinketh, as a thing
Which its own nature doth precipitate,
While thine doth close above it, mediating
Betwixt the stars and the unaccomplished fate.

Elizabeth Barrett Browning

25

No coração um peso, de ano em ano,
Carreguei antes de avistar teu rosto,
Dor após dor em mim tomando o posto
Dos naturais sorrisos tão diáfanos
Como um colar de pérolas que, em turno,
Saltam num peito entregue à dança. Toda
Esperança em pesar virava à roda,
Nem Deus curava o mal, peso soturno.
Mas o árduo coração, a *teu* pedido,
Deixei boiar na calma do teu ser.
Ele afundou, tal qual já refundido
Na própria natureza, e veio a ter
O teu por cima: a um modo comedido
Entre estrelas e o fado a se exercer.

XXVI

I lived with visions for my company
Instead of men and women, years ago,
And found them gentle mates, nor thought to know
A sweeter music than they played to me.
But soon their trailing purple was not free
Of this world's dust, their lutes did silent grow,
And I myself grew faint and blind below
Their vanishing eyes. Then thou *didst come – to be,*
Beloved, what they seemed. Their shining fronts,
Their songs, their splendors (better, yet the same,
As river water hallowed into fonts),
Met in thee, and from out thee overcame
My soul with satisfaction of all wants:
Because God's gifts put man's best dreams to shame.

Elizabeth Barrett Browning

26

Tendo apenas visões por companhia,
Não mulheres e homens, no passado,
Nelas tive parceiros delicados,
Do mais doce cantar que eu conhecia.
Logo porém seu rastro se perdeu
Na poeira do mundo e, ante o silêncio
Dos alaúdes, eu, cega em desmaio,
Nada mais vi. Até que visse o teu
Poder de ser o que eles pareciam.
O mesmo canto, o mesmo resplendor
(Santidade das águas que corriam)
Fundem-se em ti que chega vencedor
Da alma plena do quanto carecia.
Deus dá mais do que pede o sonhador.

XXVII

My own Beloved, who has lifted me
From this drear flat of earth where I was thrown,
And, in betwixt the languid ringlets, blown
A life-breath, till the forehead hopefully
Shines out again, as all the angels see,
Before thy saving kiss! My own, my own,
Who camest to me when the world was gone,
And I who looked for only God, found thee!
I find thee; I am safe, and strong, and glad.
As one who stands in dewless asphodel
Looks backward on the tedious time he had
In the upper life – so I, with bosom-swell,
Make witness, here, between the good and bad,
That Love, as strong as Death, retrieves as well.

Elizabeth Barrett Browning

27

Amado meu, ó tu que me puxaste

Da terra pegajosa onde eu jazia!

Entre os lânguidos cachos tu sopraste

O alento vivo que à testa permitia

Brilhar (os anjos vendo o que fizeste)

Para o teu beijo salvador. Amado,

Meu mundo até então tinha acabado,

Eu que olhava por Deus e achei a *ti*!

Te achando, estou segura, alegre e forte.

Como em revista o tempo entediante

Passa quem chega ao limiar da morte

– Assim aqui, de peito erguido, eu cante,

Por bem ou mal, que o amor, por ser tão forte

Como a morte, também redime o instante.

XXVIII

My letters! all dead paper, mute and white!
And yet they seem alive and quivering
Against my tremulous hands which loose the string
And let them drop down on my knee tonight.
This said, – he wished to have me in his sight
Once, as a friend: this fixed a day in spring
To come and touch my hand... a simple thing,
Yet I wept for it! – this... the paper's light...
Said, Dear, I love thee; *and I sank and quailed*
As if God's future thundered on my past.
This said, I am thine – *and so its ink has paled*
With lying at my heart that beat too fast.
And this... O Love, thy words have ill availed
If, what this said, I dared repeat at last!

Elizabeth Barrett Browning

28

Branco, mudo, morto papel das minhas
Cartas que vivas se revelam, fremem
Nas mãos que à noite ao desatá-las tremem,
Derrubando-as no colo onde se aninham.
Numa ele diz que tinha, como amigo,
Vontade de me ver; noutra marcava
O bom dia em que nesta mão tocava.
Era tudo tão simples... mas eu digo
Que chorava por nada. *Amor, te adoro*,
Rezava outro papel, e eu desabava,
Como que a ouvir de Deus trovões em coro.
Sou teu, mais um dizia, e desmaiava
A tinta de emoção. Só por decoro
Não digo enfim o que este declarava.

XXIX

I think of thee! – my thoughts do twine and bud
About thee, as wild vines, about a tree,
Put out broad leaves, and soon there's nought to see
Except the straggling green which hides the wood.
Yet, O my palm tree, be it understood
I will not have my thoughts instead of thee
Who art dearer, better! Rather, instantly
Renew thy presence; as a strong tree should,
Rustle thy boughs and set thy trunk all bare,
And let these bands of greenery which insphere thee
Drop heavily down, – burst, shattered, everywhere!
Because, in this deep joy to see and hear thee
And breathe within thy shadow a new air,
I do not think of thee – I am too near thee.

Elizabeth Barrett Browning

29

Se penso em ti, o pensamento enlaça
À tua volta como a vinha, em árvore,
De folhas largas cobre onde se escore,
Trançado véu no bosque que ela embaça.
Porém, minha palmeira, que se entenda:
Não quero o meu pensar em vez de ti,
Que és tão melhor! Melhor, se estás aqui
Como a árvore forte que já estenda,
A desnudar o caule, altivos ramos.
Que esses liames a te atrapalhar
Caiam rompidos pois de onde passamos!
Tão contente, ao te ver, de te escutar
E respirar o ar novo que nos damos,
Em ti nem penso mais – estou a estar.

XXX

I see thine image through my tears tonight
And yet today I saw thee smiling. How
Refer the cause? – Beloved, is it thou
Or I, who makes me sad? The acolyte
Amid the chanted joy and thankful rite
May so fall flat, with pale insensate brow,
On the altar-stair. I hear thy voice and vow,
Perplexed, uncertain, since thou art out of sight,
As he, in his swooning ears, the choir's Amen.
Beloved, dost thou love? or did I see all
The glory as I dreamed, and fainted when
Too vehement light dilated my ideal,
For my soul's eyes? Will that light come again,
As now these tears come – falling hot and real?

Elizabeth Barrett Browning

30

Te vi à noite entre meu pranto e, insólito,
É rindo que te vejo agora. A quem
Tomar por causa disso? És tu, meu bem,
Ou serei eu que a mim faz triste? O acólito,
Entre um hino cantado e a ação de graças,
Se tropeça no altar, pode, perdendo
Os sentidos, cair. Eu, não te vendo,
Tua voz só entendo em sílabas confusas,
Como ele o amém da missa em seu desmaio.
Então me tens amor? Ou terá sido
Apenas sonho a glória vista, e caio
Com a luz que aumenta o ideal sentido
Na minha alma? Ver-lhe-ei de novo os raios,
Como o quente e real choro vivido?

XXXI

Thou comest! all is said without a word.
I sit beneath thy looks, as children do
In the noon-sun, with souls that tremble through
Their happy eyelids from an unaverred
Yet prodigal inward joy. Behold, I erred
In that last doubt! and yet I cannot rue
The sin most, but the occasion – that we two
Should for a moment stand unministered
By a mutual presence. Ah, keep near and close,
Thou dovelike help! and, when my fears would rise,
With thy broad heart serenely interpose:
Brood down with thy divine sufficiencies
These thoughts which tremble when bereft of those,
Like callow birds left desert to the skies.

Elizabeth Barrett Browning

31

Chegas! e tudo é dito sem palavras.
Ao teu olhar como as crianças sento
Que ao sol da tarde, em leve movimento
Das pálpebras, demonstram suas pródigas
Alegrias caladas. Errei tanto
Ao duvidar! Mas o que mais lamento,
Mais que o pecar, foi seguir-se o momento
Que nos privou de ter o mútuo encanto
De estar a dois. Ah, como um pombo, fica
Colado a mim! Se acaso me der medo,
Do largo coração o alcance estica:
Com teus meios divinos, a que eu cedo,
Cobre o meu pensamento que claudica,
Ave implume no céu, sem arvoredo.

XXXII

The first time that the sun rose on thine oath
To love me, I looked forward to the moon
To slacken all those bonds which seemed too soon
And quickly tied to make a lasting troth.
Quick-loving hearts, I thought, may quickly loathe;
And, looking on myself, I seemed not one
For such man's love! – more like an out-of-tune
Worn viol, a good singer would be wroth
To spoil his song with, and which, snatched in haste,
Is laid down at the first ill-sounding note.
I did not wrong myself so, but I placed
A wrong on thee. For perfect strains may float
'Neath master-hands, from instruments defaced, –
And great souls, at one stroke, may do and doat.

Elizabeth Barrett Browning

32

Nascido o sol primeiro à tua jura
De amor, com a lua instei por afrouxar
Laços precoces parecendo atar
Promessa que, se vem, nem sempre dura.
Ligeiro amor desanda em desamor,
Pensei, pensando a mais não ter certeza
Se eu te convinha – viola sem beleza
A atrapalhar nas mãos de um bom cantor
Que depressa, zangado, a largaria
De lado à nota em falso. Se não fiz
Mal a mim, a *ti* sei que fiz injúria.
Caso o instrumento esteja sem verniz,
De um golpe o mestre o livrará da incúria.
E a grande alma o que faz? Ama o que quis.

XXXIII

Yes, call me by my pet-name! let me hear
The name I used to run at, when a child,
From innocent play, and leave the cowslips piled,
To glance up in some face that proved me dear
With the look of its eyes. I miss the clear
Fond voices which, being drawn and reconciled
Into the music of Heaven's undefiled,
Call me no longer. Silence on the bier,
While I call God – call God! – So let thy mouth
Be heir to those who are now exanimate.
Gather the north flowers to complete the south,
And catch the early love up in the late.
Yes, call me by that name, – and I, in truth,
With the same heart, will answer and not wait.

Elizabeth Barrett Browning

33

Chama-me, sim, pelo apelido. Que eu
Ouça o nome de infância a que acorria,
Largando a flor colhida na inocência
Para encontrar tal rosto que me deu
Calor no olhar! Faltam-me as vozes claras
Que reconciliadas se expandiam
Nas músicas do céu que enterneciam
E não me chamam mais. Mudez de tumbas,
Enquanto a Deus clamo por Deus. Que fale
Por tua boca a herança dos partidos!
Junta as flores do norte ao sul do vale,
Colhe no amor de agora o antes vivido.
Chama-me assim – e ao nome eu não me cale,
Já o mesmo coração tendo atendido.

XXXIV

With the same heart, I said, I'll answer thee
As those, when thou shalt call me by my name –
Lo, the vain promise! is the same, the same,
Perplexed and ruffled by life's strategy?
When called before, I told how hastily
I dropped my flowers or brake off from a game,
To run and answer with the smile that came
At play last moment, and went on with me
Through my obedience. When I answer now,
I drop a grave thought, break from solitude;
Yet still my heart goes to thee – ponder how –
Not as to a single good, but all my good!
Lay thy hand on it, best one, and allow
That no child's foot could run fast as this blood.

Elizabeth Barrett Browning

34

O mesmo coração te atenderá
Que aos outros, a meu nome, respondia.
Porém eu mesma a mesma ainda seria,
Tendo as marcas da vida que trará?
Chamada outrora, eu disse quão ligeira
Das flores ou brinquedos me apartava
Para acudir: corria e um riso dava
Que ainda mais me animava e punha inteira
Na obediência. Ao responder agora,
Largo ideias que a solidão me entrança.
O coração, por ir a ti, se escora
No que houver de melhor na minha andança.
Põe a mão nele e hás de sentir na hora:
Qual meu sangue não corre uma criança.

XXXV

If I leave all for thee, wilt thou exchange

And be all to me? Shall I never miss

Home-talk and blessing and the common kiss

That comes to each in turn, nor count it strange,

When I look up, to drop on a new range

Of walls and floors, another home than this?

Nay, wilt thou fill that place by me which is

Filled by dead eyes too tender to know change?

That's hardest. If to conquer love, has tried,

To conquer grief, tries more, as all things prove;

For grief indeed is love and grief beside.

Alas, I have grieved so I am hard to love.

Yet love me – wilt thou? Open thine heart wide,

And fold within the wet wings of thy dove.

Elizabeth Barrett Browning

35

Se eu por ti deixar tudo haverá troca,
Serás de todo meu? Terei saudade
Dos beijos, bênçãos e tranquilidade
Das conversas no lar? Ou o que me choca
É pensar-me vivendo em novos planos
De paredes e chãos não desta casa?
Preencherás o vazio que me embasa
Em olhos mortos e imutáveis de anos?
É o mais difícil. Conquistado o amor,
Falta abafar a dor, que é dura ao dar-se
E conjunção dos dois num só fator.
Tanto sofri que sou dura de amar-se,
Mas me ama mesmo assim. Que o teu calor
Seque as asas da pomba ora a molhar-se.

XXXVI

When we met first and loved, I did not build
Upon the event with marble. Could it mean
To last, a love set pendulous between
Sorrow and sorrow? Nay, I rather thrilled,
Distrusting every light that seemed to gild
The onward path, and feared to overlean
A finger even. And, though I have grown serene
And strong since then, I think that God has willed
A still renewable fear... O love, O troth...
Lest these enclasped hands should never hold,
This mutual kiss drop down between us both
As an unowned thing, once the lips being cold.
And Love, be false! if he, to keep one oath,
Must lose one joy, by his life's star foretold.

Elizabeth Barrett Browning

36

Não celebrei em mármore o primeiro
Encontro nosso. Durar não poderia
Um amor que a custo se equilibraria
Entre pena e pesar. Tive um ligeiro
Tremor diante da luz que parecia
Dourar a trilha. Nem mexia um dedo,
Com medo de a sombrear. Mas nesse enredo
Cresci serena e forte. Deus queria
Um medo a renovar-se... Ó amor, ó fé!
Nas mãos juntas não fique o nosso beijo
Como coisa entre nós sem dono até
Dos lábios frios se ausentar desejo...
Que seja falso o amor! Com a jura em pé,
Perderá *ele* a vida que lhe almejo.

XXXVII

Pardon, oh, pardon, that my soul should make,
Of all that strong divineness which I know
For thine and thee, an image only so
Formed of the sand, and fit to shift and break.
It is that distant years which did not take
Thy sovereignty, recoiling with a blow,
Have forced my swimming brain to undergo
Their doubt and dread, and blindly to forsake
Thy purity of likeness and distort
Thy worthiest love to a worthless counterfeit:
As if a shipwrecked Pagan, safe in port,
His guardian sea-god to commemorate,
Should set a sculptured porpoise, gills a-snort
And vibrant tail, within the temple gate.

Elizabeth Barrett Browning

37

Perdoa minha alma por formar
Do divino poder que em ti se alteia
Uma imagem composta só de areia,
Que logo some e está sempre a mudar.
Anos idos, distantes do teu mando
E recuando a um golpe, aqui deixaram
Essa dúvida e o horror que me fizeram
A cabeça rodar, cega negando
Tua pura feição. Eu distorcia
Válido amor em mera imitação:
Como se um náufrago pagão, que ia
Com o deus do mar quitar a salvação,
Desse um boto de pedra, mas que abria
A boca em bafo e a cauda em vibração.

XXXVIII

First time he kissed me, he but only kissed
The fingers of this hand wherewith I write;
And ever since, it grew more clean and white,
Slow to world-greetings, quick with its "Oh, list",
When the angels speak. A ring of amethyst
I could not wear here, plainer to my sight,
Than that first kiss. The second passed in height
The first, and sought the forehead, and half missed,
Half falling on the hair. O beyond meed!
That was the chrism of love, which love's own crown,
With sanctifying sweetness, did precede.
The third upon my lips was folded down
In perfect, purple state; since when, indeed,
I have been proud and said, "My love, my own."

Elizabeth Barrett Browning

38

O beijo inicial que ele me deu
Foi só na mão com a qual agora escrevo;
E se tornou mais límpida no enlevo,
Que, lenta ao mundo, logo percebeu
A voz dos anjos. Um anel de ametista
Nela não brilharia ao meu olhar
Mais que o primeiro beijo. Ao se elevar,
O segundo, por pouco errando a testa,
Quase cai no cabelo, um prêmio extra.
Foi a crisma do amor, que uma coroa
Da mais santa doçura punha em festa.
O terceiro, na boca, ainda ressoa
Rubro, perfeito – orgulho que me resta
Ao te dizer "Amor és meu" à toa.

XXXIX

Because thou hast the power and own'st the grace

To look through and behind this mask of me

(Against which years have beat thus blanchingly

With their rains), and behold my soul's true face,

The dim and weary witness of life' s race, –

Because thou hast the faith and love to see,

Through that same soul's distracting lethargy,

The patient angel waiting for a place

In the new Heavens – because nor sin nor woe,

Nor God's infliction, nor death's neighborhood,

Nor all which others viewing, turn to go,

Nor all which makes me tired of all, self-viewed, –

Nothing repels thee... Dearest, teach me so

To pour out gratitude, as thou dost, good!

Elizabeth Barrett Browning

39

Como tens o poder, a graça, um meio
De olhar por trás da máscara que eu uso
(É das águas do tempo o tom difuso)
E ver nesta alma o rosto que, a passeio,
Assiste pálido ao correr da vida...
Como podes notar com fé e amor,
Na mesma alma em letárgico estupor,
A paciência de um anjo a ter guarida
No novo céu – nem pecado nem pena,
Nem o jugo de Deus nem morte perto,
Nada que em outros a visão condena,
Nada do que me cansa em desacerto
Comigo te repele... Amor, me ensina
A verter gratidão ao bem já feito.

XL

Oh, yes! they love through all this world of ours!
I will not gainsay love, called love forsooth.
I have heard love talked in my early youth,
And since, not so long back but that the flowers
Then gathered, smell still. Mussulmans and Giaours
Throw kerchiefs at a smile, and have no ruth
For any weeping. Polypheme's white tooth
Slips on the nut if, after frequent showers,
The shell is over-smooth, – and not so much
Will turn the thing called love, aside to hate
Or else to oblivion. But thou art not such
A lover, my Beloved! thou canst wait
Through sorrow and sickness, to bring souls to touch,
And think it soon when others cry "Too late."

Elizabeth Barrett Browning

40

Quem em todo este mundo amar não quer?
Não nego o amor que, é claro, não se cala.
Desde jovem o escuto quando fala,
Como ainda cheiro a flor que ia colher.
Fiel ou infiel, há quem só puxe o lenço
Para a sorrisos responder, sem pena
De alheios prantos. Polifemo acena
Que a muita chuva tudo está propenso
A desgastar-se, e assim a coisa dita
Amor logo se torna esquecimento
Ou ódio. Amado meu, mas tu me fitas
De outra maneira. Esperas o momento
Em que as almas se toquem já contritas
E sabes, se outros não, da hora o intento.

XLI

I thank all who have loved me in their hearts,
With thanks and love from mine. Deep thanks to all
Who paused a little near the prison wall
To hear my music in its louder parts
Ere they went onward, each one to the mart's
Or temple's occupation, beyond call.
But thou, who, in my voice's sink and fall
When the sob took it, thy divinest Art's
Own instrument didst drop down at thy foot
To hearken what I said between my tears...
Instruct me how to thank thee! Oh, to shoot
My soul's full meaning into future years,
That they should lend it utterance, and salute
Love that endures, from Life that disappears!

Elizabeth Barrett Browning

41

A quem me teve amor sou grata. A todos
Devolvo amor com gratidão. E o faço
A quem às portas da prisão um passo
Deu para ouvir destas canções os brados,
Antes de andar ao longe a seu ofício
No mercado ou no templo. Tu, que estando
Minha voz a baixar e eu soluçando,
Teu instrumento largas em silêncio,
Da arte celeste vindo para a aguda
Percepção do que digo em choro e apuro,
Me instrui a agradecer-te. A mim acuda
Dar mais sentido a esta alma no futuro,
Que a ela dê a falar do que não muda:
O amor que fica, e a vida neste escuro...

XLII

"My future will not copy fair my past"–
I wrote that once; and thinking at my side
My ministering life-angel justified
The word by his appealing look upcast
To the white throne of God, I turned at last,
And there, instead, saw thee, not unallied
To angels in thy soul! Then I, long tried
By natural ills, received the comfort fast,
While budding, at thy sight, my pilgrim's staff
Gave out green leaves with morning dews impearled.
I seek no copy now of life's first half;
Leave here the pages with long musing curled,
And write me new my future's epigraph,
New angel mine, unhoped for in the world!

Elizabeth Barrett Browning

42

Um dia eu escrevi: "O meu futuro
Não será cópia do passado". Ao lado,
O anjo da guarda quis o assim pensado
Justificar, mirando além o puro
Trono de Deus. Virei-me eu mesma então
E lá te vi, dos anjos um aliado
Que a alma faz. Depois tenho tentado
Dos males receber consolação.
Meu bastão peregrino, ao teu poder,
Brotou, regado a orvalho o verde viço.
Cópia do que passou não quero ter:
Larga estas folhas, são cismar cediço,
Dá-me ao futuro a epígrafe por ler,
Ó inesperado no mundo anjo noviço!

XLIII

How do I love thee? Let me count the ways.
I love thee to the depth and breadth and height
My soul can reach, when feeling out of sight
For the ends of Being and ideal Grace.
I love thee to the level of everyday's
Most quiet need, by sun and candle-light.
I love thee freely, as men strive for Right;
I love thee purely, as they turn from Praise.
I love thee with the passion put to use
In my old griefs, and with my childhood's faith.
I love thee with a love I seemed to lose
With my lost saints, – I love thee with the breath,
Smiles, tears, of all my life! – and, if God choose,
I shall but love thee better after death.

Elizabeth Barrett Browning

43

Como te amo? Deixa eu contar os modos.
Te amo do fundo e da largura e altura
A que a alma chega quando os fins procura
Do Ser, da Graça ideal, sumindo a todos.
Eu te amo ao nível das necessidades
Serenas, seja ao sol ou luz de vela.
Livre te amo como quem luta pela
Justiça; pura te amo sem vaidades.
Te amo com a paixão que punha em uso
Na dor; com a confiança de menina.
De um amor te amo às vezes já confuso,
Pois, quando perde, a mais se determina.
Te amo rindo e chorando. E até me induzo
A na morte te amar, se Deus designa.

XLIV

Beloved, thou hast brought me many flowers
Plucked in the garden, all the summer through
And winter, and it seemed as if they grew
In this close room, nor missed the sun and showers.
So, in the like name of that love of ours,
Take back these thoughts which here unfolded too,
And which on warm and cold days I withdrew
From my heart' s ground. Indeed, those beds and bowers
Be overgrown with bitter weeds and rue,
And wait thy weeding; yet here's eglantine,
Here's ivy! – take them, as I used to do
Thy flowers, and keep them where they shall not pine.
Instruct thine eyes to keep their colors true,
And tell thy soul their roots are left in mine.

Elizabeth Barrett Browning

44

Estas flores colhidas no jardim
Que me trazias no verão, no inverno,
Poderiam, no escuro quarto interno,
Sem sol ou chuva ter crescido em mim.
Em nome deste amor toma as ideias
Que de igual modo aqui desabrocharam,
Do coração provindo, e acompanharam
Dias frios ou quentes. Estão cheias
De ervas amargas, cardos e lamentos
De que te incumbo. Juntas também vão
Rosas silvestres. Dá-lhes tratamento
Bom como eu dou às flores que me dão.
Que a cor persista ao teu olhar atento.
Das raízes, te lembra, eu sou o chão.

POSFÁCIO

A portuguesa dos sonetos

Em 1845, Elizabeth Barrett já estava com quase 40 anos. Tratada como inválida, por ser vítima de misteriosas doenças que só o ópio amenizava, levava uma vida de reclusa e morava com oito irmãos, todos solteiros como ela, na grande casa, em Londres, do pai viúvo e rico. Mr. Barrett, herdeiro de plantações na Jamaica, era a austeridade em pessoa e tinha estranhas manias de pai exacerbado e possessivo. Proibiu que seus filhos se casassem, por exemplo, tanto as moças como os rapazes, e deserdou e nunca mais quis ver os três que se rebelaram contra a ordem.

Elizabeth, a mais velha da prole, foi a primeira. Em 10 de janeiro de 1845, ela recebeu uma carta que mudou totalmente seu destino. Vinha de Robert Browning, poeta ainda iniciante e seu futuro marido, que estava então com 32 anos. Elizabeth, ao contrário do missivista, cada vez era mais lida e famosa, na Inglaterra e nos Estados Unidos, desde que seus poemas reunidos saíram, em dois volumes, em 1844. Nada estranho, portanto, que leitores lhe escrevessem. Mas a carta de Robert, além de expressar uma admiração sem limites pela poesia da autora, também declarava um inesperado interesse pela sua pessoa, que ele nunca tinha visto. Nessa carta, que deu início à célebre correspondência de amor entre os dois poetas, duas frases singelas sintetizam o arrebatamento de Robert: "I love your verses with all my heart, (...) and I love you too".

No dia seguinte, 11 de janeiro de 1845, Elizabeth respondeu. Já na primeira linha, como na primeira linha de Robert, textualmente punha o sentimento em jogo, ao agradecê-lo "do fundo do coração" pela simpatia demonstrada, mais importante para ela por provir "de um tal poeta". Com isso dava a entender que o tinha lido também e, não se negando à ideia de manter uma correspondência literária, pedia-lhe que apontasse em seus versos eventuais defeitos. Mesmo que não viesse a ser "obediente" a todas as críticas, pediu-as, como escreveu a Robert, com "meu grande respeito por seu poder em sua arte e sua experiência como artista". No plano pessoal, Elizabeth admitiu vagamente que eles pudessem se encontrar no futuro, feito um prévio reconhecimento pela troca de cartas.

Vinte meses depois, um período de puro enlevo que se estampa nas 574 cartas então trocadas pelos dois, a relação tinha passado sem demora, de formalmente literária, para a mais ardente paixão. A abordagem inicial de Robert, por audaciosa que pareça para o começo da era vitoriana, a rigor não foi tão inesperada assim. Havia algum tempo, um amigo em comum, igualmente dedicado a ambos, falava bem de um para o outro e tentava os pôr em contato, sem encontrar ocasião para isso. John Kenyon, que oficialmente nunca soube de nada, mas deixou pistas de que incentivava o namoro e apoiou para sempre seus amigos queridos, era um primo distante de Elizabeth. Culto, rico, bem mais velho e leitor atento de seus poemas, era o único homem que a visitava, por ser membro da família, respeitado por Mr. Barrett, e acabou por tornar-se o protetor do casal, ao qual fez doações generosas e, ao morrer, legou uma boa herança. Habitualmente, em seu quarto de reclusa na mansão de Wimpole Street, a poeta só recebia, de raro em raro, uma ou outra senhora aparentada ou íntima. Todas as 91 visitas que Robert lhe fez, após a primeira carta e antes do casamento secreto, em 1846, foram às escondidas do pai, durante a tarde, quando ele saía a trabalho e a casa entrava em dormência.

Os *Sonetos da portuguesa* e a correspondência de Elizabeth Barrett e Robert Browning entrelaçam-se numa corrente contínua da qual a vida dos poetas, a partir de 1845, também é um elo inseparável. Elizabeth escreveu-os entre uma carta e outra. Enquanto escrevia, nunca os comentou com ninguém. Mas levou-os na pequena bagagem, junto com as cartas, quando fugiu com Robert para Paris, poucos dias depois de legalmente casada. Ao próprio Robert, só três anos mais tarde ela os mostrou, estando os dois fugitivos, a essa altura, já radicados e felizes para sempre em Florença.

Os dois conjuntos de textos, os sonetos e as cartas, narram a mesma e invulgar história de amor em três movimentos de definição muito clara: o da recusa inicial da amada, o do contágio do amor que se propaga, até salvá-la da prisão, e o do coroamento glorioso do encontro – que inclui, nas últimas cartas, os detalhes concretos necessários para o casamento e a fuga. Se o tema não fosse, como é, a própria construção da realidade, por ser um amor proibido entre poetas que se conscientiza e perfaz por meio de palavras escritas, seria a simples reprodução de outros temas que a própria Elizabeth já utilizara em baladas, quando mais jovem. Baladas cantantes, à moda medieval, em que a mulher indefesa faz o papel de amada cativa que vem a ser libertada pelo cavaleiro galante.

Até a evidência que aflora no soneto 10, de que "o amor é lindo" e "merece aceitação", os rogos que se sucedem nos versos são um pedido reiterado de desistência ao amado. A personagem inicial dos sonetos é feita de desolação e langor; "chora ao descampado"; e só tem a dar sofrimento. A personagem das cartas, logo na primeira resposta de Elizabeth a Robert, vive numa "cripta", onde ele estranharia, se nela entrasse, o frio e o tédio. Assim como os sonetos mantêm o amor à distância até a propagação de seu fogo, assim Elizabeth, nas cartas, adia indefinidamente uma primeira visita que o admirador lhe suplica. Sempre alega não estar bem de saúde e, como começou a escrever no inverno, adia para a primavera. Ao motivo de mais peso, a severa proibição paterna, ela porém não aludia.

Já era primavera, às três da tarde de 20 de maio de 1845, como ele mesmo fez questão de anotar, quando Robert finalmente foi admitido na cripta. Ficou uma hora e meia, retirando-se antes do cair da tarde, e de lá saiu apaixonado. Dias depois, quando apresentou em nova carta um pedido formal da mão da amada, ela o repeliu indignada e propôs que se tornassem apenas bons amigos, companheiros de literatura e ideal. Devolveu a Robert, solicitando que a queimasse, a carta de declaração. Ele a atirou na lareira, cumprindo a ordem. Assim, com a perda dessa, hoje se reduz a 573 o total das cartas que lemos. Porém, tal como na virada de orientação que ocorreu nos sonetos, subitamente o tom das cartas se verticaliza e inflama. Após o primeiro encontro, consentido mas posposto por quatro meses de espera, e após os outros tantos que vieram logo em seguida, não houve mais como negar, conter ou disfarçar a atração entre os dois. Os sonetos, de chorosos que eram, agora explodem de alegria. Celebram os primeiros beijos ("O terceiro, na boca, ainda ressoa / Rubro, perfeito..."), as primeiras carícias, as flores e atenções recebidas. Na correspondência, os missivistas só se tratam pelas formas mais doces, ansiosos pela próxima entrevista a sós.

Assumida por escrito a paixão, a rotina de cada um, sendo a vida dos dois um elo a mais na corrente, submete-se à mesma ruptura formal. As visitas de Robert, de uma, passam a duas por semana. Nos dias em que ele não aparece, novas cartas chegam. Elizabeth, antes a sofrida reclusa, conhece uma melhora notável em seu estado geral. Já se arruma com prazer, alimenta-se bem, atreve-se até mesmo a ir à rua, geralmente em companhia de Arabel, sua irmã favorita, para pequenos passeios ao redor. A própria poeta, tal como a personagem dos sonetos, troca a morte pela vida, o céu pela terra, e começa a cravar suas raízes no chão.

O título original da sequência, *Sonnets from the Portuguese*, contém uma ambiguidade. Por um lado, pretendendo negar a verdadeira autoria, por provável pudor de exposição, sugere apenas que venham do português, como se fossem traduzidos dessa língua. Por outro, sendo mulher quem vivencia e narra a ação (quem assim se identifica, por exemplo, no soneto 13: "Deixa o silêncio de mulher / Meu feminino amor te confiar"), o título original também sugere que a autora era, ou teria sido, uma portuguesa.

O primeiro poema de amor de Elizabeth Barrett é muito anterior aos sonetos: foi escrito quando ela ainda não tinha experiência do assunto – a não ser a que lhe vinha, pela imaginação, dos livros que devorava. Contida na clausura familiar de Hope End, suntuosa propriedade do pai onde os filhos cresceram antes de ir para Londres, era uma moça relativamente saudável, de 25 anos, que anotou em seu diário, em 17 de novembro de 1831: "Ter lido Camões ontem à noite sugeriu-me o que escrevi hoje cedo – 'Catarina a Camões'".

Além de se interessar pela lírica, traduzida e publicada em inglês, em 1803, por Lord Strangford, Elizabeth se interessou também, no mesmo livro, pela introdução biográfica. E aí recolheu a lenda, ou a verdade nunca esclarecida, de que a nobre Catarina de Ataíde teria morrido nova em Lisboa, quase com a idade dela, a ansiar por seu amado e pobre Camões, que estaria no desterro por causa desse amor proibido. Como narrado na introdução de Strangford, o episódio motivou o poema que Elizabeth reescreveu várias vezes, ao longo dos anos, antes de afinal publicá-lo. Quando o fez, na sua edição reunida de

1844, "Catarina a Camões" foi o poema de maior sucesso do livro; o favorito de alguns poetas de Londres, entre os quais Robert Browning, que só no ano seguinte conheceria a autora.

Falta à poesia o caráter utilitário que dá à prosa descritiva uma função social. Ela é inconsequente, sendo forma de prazer, e por ser gesto em liberdade não depende de metas. Nada, em síntese, a poesia tem a operar. Faltam-lhe obrigações. No caso em pauta, a poesia no entanto, estopim e fim de tudo, operou milagres. Foi o traço de união entre duas almas perdidas que por seus sortilégios se salvaram. Na intimidade, a paixão de Elizabeth e Robert era tão literariamente vivida que os dois chegaram a se ver, por brincadeira, como personificações do poema luso, sendo ela a apaixonada Catarina e ele o Camões ao longe.

É na sequência de sonetos, cujo modelo foram obras de homens do Renascimento, que Elizabeth Barrett escreve pela primeira vez para falar diretamente de sua experiência pessoal. Em carta à sua irmã Arabel, de 12 de janeiro de 1851, pouco depois de os publicar em livro, ela conta em pormenores como a decisão foi tomada. Tinha hesitado em mostrar a Robert os originais dos sonetos, durante três anos, por saber que ele se opunha firmemente à poesia de fundo pessoal. Seu marido se inclinava, no outro extremo, aos longos poemas narrativos, de sabor épico e tom mais grandioso: os monólogos dramáticos, como então se dizia.

Apesar disso, Robert, quando leu os sonetos, achou-os maravilhosos, e insistiu para que Elizabeth os pusesse, vencendo a própria timidez, entre os poemas que iria publicar em uma nova edição, a de 1850. Uma frase da carta a Arabel – "e assim nós combinamos de incluí-los sob algum tipo de véu [ou de disfarce]" – mostra que os dois trabalharam juntos na ideia, ou no preparo da edição, e que a pseudotradução do português foi um disfarce encontrado de comum acordo. Mais adiante, na mesma carta, Elizabeth diz à irmã: "Ele sempre me associou a Catarina".

O casamento de Elizabeth e Robert, no final da manhã de um sábado, 12 de setembro de 1846, tinha sido realizado, em Londres, em absoluto sigilo. Suas próprias testemunhas – da parte dele, um primo muito amigo; da parte dela, Miss Wilson, sua criada de quarto que atuou como cúmplice – foram as únicas pessoas presentes. Na igreja de St. Marylebone, pela primeira vez os dois se viram fora do quarto enclausurado onde ocorrera o namoro. Mesmo assim, na saída, cada um tomou seu rumo, só voltando a se encontrar, sete dias depois, quando embarcaram para a França. A viagem e o plano de morar na Itália foram traçados com idêntica cautela. A irmã, a mãe e o pai de Robert, que lhe emprestou dinheiro, deviam saber de alguma coisa, mas só Elizabeth Wilson, a criada de quarto, sabia realmente de tudo. Fidelíssima à patroa, ela a acompanhou nessa fuga – e depois por toda a vida.

A decisão de amenizar os sonetos, de dá-los por traduções de uma poeta portuguesa inexistente e sem nome, talvez se associasse ao cuidado com que o casal realizou sua união clandestina. Falou-se em Londres, é claro, de sua fuga, assim que a notícia correu. Falar-se-ia com certeza ainda mais se os sonetos expusessem depois, plenamente assumidos, a intimidade do amor que eles estavam vivendo.

Muitas passagens dos *Sonetos da portuguesa*, que nisso mostram como estão integrados à correspondência amorosa, reportam-se diretamente a assuntos comentados nas cartas. Numa série delas, do final de novembro de 1845, Robert e Elizabeth discutem, por exemplo, a questão dos cachos que serviu de tema aos sonetos 18 ("Nunca a um homem dei cacho de cabelo") e 19 ("Troco cacho por cacho no mercado").

Na vida real, quando Robert lhe pediu por escrito o mimo, Elizabeth respondeu em duas cartas seguidas, que usam os mesmos argumentos estampados no início dos dois sonetos. Na primeira, ainda hesitando, ela diz: "Nunca dei a um ser humano o que você me pede para eu dar a *você*, excetuados meus parentes mais próximos e, uma ou duas ou três vezes, amigas mulheres". Na segunda, tendo refletido a respeito, ela propõe aquela troca, cacho por cacho "no mercado do Rialto da alma", que o soneto 19 plasmou. Ao contrário de várias outras instâncias, em que a amada, nos versos, se desmerece ante a grandeza do amado, a própria Elizabeth, na carta, coloca-se em patamar de igualdade, no tocante à troca, quando escreve a Robert: "Não vou fingir ser generosa, não, nem 'boazinha'. Será uma pura negociação, ou nada feito".

De igual modo, quando a amada chama o amado, no soneto 29, de "minha palmeira", remete-nos a passagens de duas cartas de Elizabeth para Robert nas quais o tema é paralelamente abordado, em 16 de dezembro de

1845 e em 29 de abril de 1846. Por ocasião dessa última, é bem provável que o soneto já tivesse sido escrito, pelo mistério que ela faz ao dizer-lhe: "Ah, por falar em palmeiras, você não sabe que curiosa coincidência há entre a sua ideia e a minha, que eu não lhe direi agora... mas talvez algum dia".

O final do soneto 18 ("O beijo que aí estava / Foi a mãe que, ao morrer, deu na menina") e o começo do soneto 33 ("Chama-me, sim, pelo apelido. Que eu / Ouça o nome de infância a que acorria") são típicos das passagens também muito frequentes em que a autora se revela, sem manter nenhum disfarce, por detalhes importantes de seu próprio histórico. O beijo dado ao morrer é uma referência explícita à morte da mãe de Elizabeth em 1828 – um dos acontecimentos traumáticos que, em rápida sucessão, contribuíram para tornar sua vida, do fim da juventude até o encontro com Robert, uma experiência de luto, tristeza, depressão, clausura, desalento, em tudo ou quase tudo idêntica à descrita na parte inicial dos sonetos.

Os outros fatos traumáticos foram, em 1832, a venda de Hope End, quando seu pai, tendo perdido em litígio parte dos bens na Jamaica, viu-se forçado a abrir mão da fazenda, e, em 1840, a perda dos dois irmãos mais velhos, a poucos meses de intervalo. Em fevereiro, mandado pelo pai para cuidar dos negócios, Sam morreu na Jamaica, de febre amarela. Em julho, Edward, o "Bro", afogou-se na baía de Torquay durante uma travessia de barco. Com um ano a menos do que Elizabeth, esse era o seu melhor companheiro. Sentindo-se terrivelmente culpada, porque o irmão lhe fazia companhia numa temporada de cura, foi sobretudo depois da última perda que ela começou a piorar de saúde.

No soneto 33, o apelido cujo uso se autoriza era "Ba" (pronuncia-se Bei), a irmã de "Bro", como todos a chamavam em casa, que Robert passou a empregar nas cartas assim que se firmou o namoro. As alusões a tantos fatos vividos permitiam, por um lado, levantar facilmente o fantasioso véu de tradução; por outro, eram um atestado seguro de que os sonetos de Elizabeth tinham um dado inovador, por incluir na pauta da sequência, entre os temas solenes da poesia, simplicidades do cotidiano como um apelido ou os cachos, os beijos ou, no soneto 28, o "Branco, mudo, morto papel das minhas / Cartas que vivas se revelam, fremem". Mas a maior novidade de sua obra era haver nela uma mulher falando, o que a distinguia dos modelos anteriores, como os sonetos de Petrarca, de Sidney ou de Camões, onde a voz do homem, um eterno trovador, é que atuava por norma em relação à amada, seu objeto.

De modo ativo, é uma mulher quem fala nos *Sonetos da portuguesa*, e só isso já era embaraçoso numa época de placidez feminina, mas a autora que deu voz à original trovadora tinha aprendido a versejar em casa, como autodidata, lendo os grandes sonetistas da tradição à qual ela se filiou. Dos mestres teria herdado seu apego marcante por palavras arcaicas e já em completo desuso. E deles reteve um curioso vestígio do costume de usar a voz masculina nas canções de amor. A mulher que se dirige ao amado, nos sonetos confessionais de Elizabeth, promove uma revolta dos gêneros quando subitamente se transforma, no de número 3, num cantor que "nas trevas canta sem parar"; no de número 11, num menestrel "Que escalar cumes ansiou e agora / Mal se afina na música que chora"; no de número 16, a mulher entra na arena da conquista como um soldado em guarda, que na luta do amor perde ganhando:

> O soldado vencido entrega a espada
> Ao que o ergue da ensanguentada lama.
> Enfim me dou, amado, à derrocada,
> Minha luta termina. Se me chamas
> Além, me altearei não degradada.

No soneto 30, o mais irônico do ciclo, a mulher se compara a um sacristão que, tropeçando no altar, perde os sentidos e cai. E são razões sentimentais que ela invoca (num retorno ao feminino?) para justificar essa comparação incomum: "Eu, não te vendo, / Tua voz só entendo em sílabas confusas, / Como ele o amém da missa em seu desmaio". Se não for mero resquício de leitura, o pendor ao masculino, que é muito raro, lembre-se, na totalidade do ciclo, poderá ser tomado, se o associarmos, por exemplo, aos termos estabelecidos para a troca de cachos, por uma decidida afirmação de igualdade. Isso seria compatível com a imagem de personalidade forte que se cria da autora, sob a saúde fraca, quer nos sonetos, quer nas cartas, quer ainda nas obras numerosas que ela escreveu já casada – a maioria de cunho resolutamente político e de afirmação feminista precursora.

A atmosfera dos sonetos é em quase tudo idêntica à do harmonioso amor de Elizabeth e Robert; contém tantos indícios sobre o caso, nas três etapas em que esse se desdobra; e de tal modo se mistura com a vida, que sua essência verdadeira, a condição de poesia, tornou-se às vezes ofuscada pelo poder de sedução do material biográfico. Mas é enquanto poesia e como obra literária que os sonetos se resolvem nos moldes da tradição, usando a ficção convencional de um amador desvalido, que só inova por ser mulher, a enaltecer sobremaneira a amada, que inova por ser o amado, a cuja altura não se considera. A amadora é um menestrel ao relento, ou mora numa pobre ruína, ou anda sob o peso da dor; é um estofo morto. O amado é um refém de rainhas, que a vocação leva ao palácio. Foi destinado a altos fins e brilha. Tecida a trama romanesca, propícia a atrair leitores, o soneto 9 fará a grande pergunta – "Iguais não sendo, há meio / De amados nos tornarmos?" – que o brioso soneto 10 responde com a aceitação do amor que é lindo:

> O amor é fogo. E acaso se eu disser
> *Eu te amo*, nota quão transfigurada
> Em teu olhar me achei glorificada,
> Cônscia dos novos raios que iam ter
> Da minha face à tua. Nada é vil,
> Por baixo que o amor for: a pequeneza
> Do ser que o ama Deus fará gentil.

Livre da clausura de Wimpole Street, Elizabeth Barrett Browning, no começo da vida de casada na Europa, renasceu transfigurada. Rompendo o pacto feito, nos *Sonetos da portuguesa*, com a tradição cultural da arte de amar, passou a uma poesia política, comprometida com a hora presente e o calor dos fatos em jogo. O casal, após escalas em Paris e Siena, em 1848 fixara residência em Florença, no andar principal de um palacete, a Casa Guidi, cujas janelas davam para a praça (Piazza del Gran Duca, depois Piazza Pitti), onde ocorreram naquele ano as maiores demonstrações de uma revolução italiana abortada. Entusiasmada com as cenas que viu do alto, Elizabeth começou a escrever *Casa Guidi Windows* (*Janelas da Casa Guidi*).

Primeiro extenso produto da nova fase panfletária, publicado em 1851, era um livro dedicado à unificação e libertação da Itália, em grande parte ocupada então pela Áustria. Ao identificar-se com essa causa, a poeta, de certo modo, reativava uma faceta de sua juventude longínqua, quando tinha uma admiração enorme por Byron, como tantos jovens da época, e por seu quixotesco empenho em libertar a Grécia dos turcos. Agora, ela própria se tornava heroína, levantando a bandeira da Itália como causa primeira. Outras surgiram na mesma fase, que foi de ativa militância por suas causas tão justas.

Das primeiras escritoras inglesas a combater a escravidão em versos, Elizabeth deu ênfase, nas suas denúncias, à sujeição sexual das mulheres negras cativas, estabelecendo um vínculo entre o horror da escravidão por sanar e a questão feminina a discutir ainda. "A escrava fugitiva de Pilgrim's Point", um dos poemas contra a escravidão que ela incluiu na coletânea de 1850, de tanto sucesso quanto a anterior, a de 1844, foi escrita a pedidos para *The Liberty Bell*, publicação que visava obter fundos para a campanha abolicionista em Boston. Vários outros problemas sociais, como a exclusão escolar dos pobres, a prostituição na Inglaterra, a repressão por toda a Europa, aparecem por sua vez, flanqueando o tema central, em diferentes passagens do livro dedicado à liberdade da Itália.

A obra mais ambiciosa dessa fase de engajamento político, *Aurora Leigh*, publicada em 1857, foi descrita pela autora como poema-romance ou romance em versos. Ao todo, contém onze mil versos: uns mil a mais do que a epopeia de Milton, *Paraíso perdido*. Byroniano pelo escopo, por variar das viagens à política, das celebrações da natureza às sátiras da sociedade, dos enredos passionais às digressões filosóficas, como novidade trazia a personagem. Como George Sand e George Eliot, como Elizabeth e tantas outras mulheres que já viviam da escrita ou para a escrita, mas ainda na periferia do poder dos homens, Aurora Leigh é uma poeta que desafia as convenções para se impor como autora e mulher independente. É mais um romance, no fundo, do que um longo poema, e pela construção se assemelha ao romance em prosa da época, com descrições da vida inglesa, de aristocratas e artistas, da Itália e da França, e as mesmas abordagens de questões religiosas, sociais e políticas que os ficcionistas vitorianos faziam. Elizabeth registrou por escrito sua esperança de que o livro fosse uma provocação a mudanças. Ele era um claro manifesto pela libertação das mulheres e nessa condição foi redescoberto e estudado, desde as últimas décadas do século XX, pela crítica feminista americana.

É forte a impressão, a essa altura, de que ao libertar-se num passe de magia rebelde a autora submissa à reclusão tantos anos tenha enfim aberto os olhos para as mazelas do mundo, sentindo sede de agir. Dos devaneios intimistas, à prática em todas as frentes. Em 1849, com 43 anos, no auge da recuperada pujança que a tornou participante e prolífica, Elizabeth, após sofrer abortos, deu à luz seu primeiro filho, o único, o adorado "Pen". Esse prolongaria a história: conservou as cartas de amor entre seus pais, hoje tidas por obra-prima do gênero, que recebeu das mãos de Robert e publicou pela primeira vez em 1899, com os pais já mortos há tempos.

Goethe se descreveu passível, de quando em quando, de curiosos estados de plenitude energética, rompantes de "puberdade repetida", como ele disse, em que o vigor da juventude lhe parecia voltar na idade adulta. Nos primeiros dos 15 anos de seu casamento com Robert, criando o filho como obra rara, produzindo textos imensos, fazendo muitas amizades, viajando a passeio e se metendo em política, outro domínio ainda vedado às mulheres, Elizabeth parece ter vivido um desses momentos goetheanos de repetição biológica em que o vigor aumenta.

Até a puberdade, até os 15 anos, que completou em 1821, ela foi uma menina normal, se bem que incrivelmente precoce para as letras. Estudava grego desde os dez (avançando por uma área interdita ao penetrar nas aulas que um preceptor dava ao irmão), lia os clássicos no original, escrevia versos a rodo, sobretudo para eventos caseiros, e já fizera até mesmo uma epopeia inteira, *The Battle of Marathon* (*A batalha de Maratona*), que o pai mandou imprimir. No palacete à oriental, com domos e minaretes, por ele erguido na grande fazenda perto de Ledbury, no condado de Herefordshire, Elizabeth levava vida de princesa ou, como o pai a nomeou, de "poeta laureada de Hope End". Mas em 1821, talvez depois de um tombo a cavalo, ela caiu doente. Sua tosse, com sinais de bronquite, e uma fraqueza geral seriam crônicas. Os médicos, sem chegar a um diagnóstico, recomendaram a mudança de ares, para Gloucester, onde ela ficou quase um ano em tratamento.

Aos 25 anos, quando escreveu o diário de Hope End em 1831-1832, um dos mais interessantes documentos do vasto acervo de seus escritos íntimos, Elizabeth tinha sofrido recentemente outro golpe, a perda da mãe, mas demonstrava-se madura e serena para reagir aos problemas. Ia à igreja, mas nem sempre gostava muito, e, levada pela tia, até a chás com senhoras, que se pudesse evitaria. Como fazia grandes progressos na literatura, queria o máximo de tempo para ler e escrever, mas saía e se divertia em passeios com sua tribo de irmãos.

Uma carta de um admirador desconhecido, como um prenúncio do fato capital que ocorreria tantos anos depois, veio mudar a rotina da poeta, tornando-a, nas anotações do diário dessa época, quase sempre exuberante. Hugh Stuart Boyd, o homem que lhe escreveu, saudando-a como "filha predileta das musas" e congratulando-a pela erudição de *An Essay on Mind* (*Um ensaio sobre a mente*), livro recentemente publicado por ela, tinha 45 anos. Especialista em grego e conhecido tradutor de poesia, alugara um chalé nas vizinhanças, em Malvern, a poucos quilômetros de Hope End, onde estava morando com a mulher e a filha, moça como Elizabeth, e convidava-a a ir visitá-lo um dia. Ele, sendo cego há muitos anos, quase não saía de casa.

À parte suas anotações corriqueiras, sobre leituras, visitas, casos do cotidiano de um casarão cercado de empregados, o breve diário de Hope End, cujo manuscrito só reapareceu em 1961 no escritório de um advogado em Londres, entre os papéis de distantes descendentes da família, resume-se a considerar dois problemas: como reagir à suposta venda de Hope End, um boato que corria, sem que o pai o confirmasse, e como superar obstáculos, obtendo permissão e transporte, para ir ao Rubby Cottage em Malvern visitar Mr. Boyd, o grecista cego. Os dois problemas, facilitando a vida de Elizabeth, uniram-se numa solução temporária. O pai teve de ir a Londres, para resolver seus negócios, e lá se demorou quase um ano. A tia, substituindo-o no comando da casa, não foi tão dura.

Desde que passou a visitar o vizinho, sempre dependendo da charrete que a transportaria, a poeta preencheu um vazio, com o convívio intelectual que lhe faltava em casa, e se tornou de extrema utilidade para o novo amigo mais velho. Lia para ele, em grego, autores como Ésquilo e Sófocles, que Boyd se esforçava para gravar de cor. No tocante à relação, os sentimentos que Elizabeth registra – sua insegurança quanto à estima em que é tida, suas demonstrações de ciúme quando ele está com outras moças, seu total desinteresse pela filha e a esposa de Boyd, a ansiedade com que ela olha para o céu, para saber se poderia chover, e com que indaga se conseguiria a charrete para a visita marcada –, tudo sugere em seus registros que essa amizade com o grecista continha, de sua parte, pelo menos uma dose de enlevo, junto ao respeito pelo mestre. Nada sugere, ao mesmo tempo, que jamais passasse disso. Só fazer um bom amigo, fora do círculo familiar, aproximar-se de um homem com o qual trocava ideias e livros, e com quem aprendia muito, já era um grande prazer, justificando a exuberância das frases com que o diário evolui. Quinze anos depois, em Londres, na manhã do casamento secreto, a amizade com Boyd, solidificada e mantida por correspondência, voltaria a ser importante para Elizabeth.

Ele também já morava em Londres na época. Ela, precisando de um álibi ao sair para a igreja, pediu às irmãs que a fossem buscar de carruagem mais tarde na residência de Boyd, a quem faria uma visita depois de dar uma volta. Era o plano combinado com Robert, e que envolvia também sua criada. Das irmãs, por não querer comprometê-las, escondeu tudo. Em 24a Grove End Road, o mestre a recebeu com carinho, sem saber ainda de nada, mas consta que desconfiou da alegria com que a recém-casada chegou. Serviu-lhe um vinho de Chipre e uma fatia de pão, para um brinde entre poetas. Seu velho professor de grego, daí para a frente, sempre a apoiou em tudo. E à memória de Boyd, depois que ele morreu, Elizabeth escreveu e publicou três sonetos.

O outro assunto mais comentado no diário de Elizabeth jovem, a venda de Hope End, consumou-se em 1832. O pai zelosamente extremado e, sob o zelo férreo, controlador de tantos filhos, nunca falou com nenhum deles, nem sequer com os mais velhos, já adultos, sobre o abalo financeiro que o obrigou a se desfazer da fazenda, com o palacete de sua própria invenção. Apegada às paisagens do lugar e temendo a mudança por temer ser afastada de Boyd, a poeta suspira a cada linha, em vão, por notícias de Londres, onde o pai resolvia, fechado em seu mutismo, o destino de todos. A ansiedade da poeta, malgrado a exuberância das linhas, pouco a pouco se torna doentia.

Sua saúde andava bem, de modo geral, mas a ideia da fragilidade de Elizabeth acabou se impondo em consenso. Após a mudança, de vez em quando uma recaída a assustava. O pai redobrava de cuidados e a protegia ainda mais. Perdida a bela fazenda, a família morou, por alguns anos, em casas alugadas. Em 1838, pouco depois da instalação na casa comprada em Londres, em Wimpole Street, Elizabeth teve uma crise mais grave, com hemorragia pulmonar, que a deixou por longo tempo prostrada. O ópio a tranquilizava. Receitado pelos médicos desde as primeiras crises, já era o hábito que a acompanhou pela vida, suspenso apenas durante a gestação de seu filho.

O ano de 1840, o da morte de seus dois irmãos, mergulhou-a no longo abatimento de que só a abordagem de Robert iria enfim resgatá-la. Entende-se que o soneto 20, no ciclo da portuguesa, celebre a "taça de espantos que é a vida". Amparada na reclusão pelo pai, que todas as noites a visitava, no quarto-cripta, para rezarem juntos, a autora não tinha como prever, tal qual expõe o soneto, que seu libertador se aproximava. Estava habituada à tristeza. Consolava-se com suas leituras, as cartas que escrevia a amigas, seus avanços literários e, outra espécie de ópio, seu crescente prestígio.

Elizabeth, entre os irmãos, era a única que podia se rebelar contra o domínio do pai, porque tinha uma renda própria, por heranças recebidas da avó paterna e de um tio. Quando o amor inesperado venceu o medo do início, a perplexidade, as hesitações, para passar à fase objetiva dos planos, essa renda vitalícia, antes controlada pelo pai, passou às mãos da titular casada. Graças à ajuda de seu protetor John Kenyon, o principal meio de vida do casal, de início, foi esse. E essa a maior razão alegada por quem achou que Robert Browning fosse um interesseiro vulgar. Robert, de fato, nada tinha de seu. Decidido a ser escritor, não cursou faculdade nem seguiu profissão. Até se casar, morou com os pais e dependia do pai, que o educou com finura e confiança para ser o que ele enfim se tornou: um dos poetas mais aplaudidos de sua época.

O sucesso de Elizabeth, durante o casamento, não parou de crescer. Seus poemas engajados e a visão feminista, causando grandes polêmicas, geravam ondas de repercussão positiva. Uma nova tiragem de *Aurora Leigh*, em 1856, foi necessária para atender às vendas, 15 dias após o lançamento. Robert, enquanto isso, escreveu pouco, publicou menos ainda e não se destacou como a esposa, mas foi de uma solicitude total para ajudá-la a administrar a própria fama. Era seu assistente dedicado e seu primeiro leitor, no preparo dos trabalhos, além de desdobrar-se como um homem de ação que se antepunha ao poeta para tomar providências.

Alguns anos após a morte de Elizabeth, em 1861, Robert, que ainda viveu quase três décadas, chegou porém à glória postergada. Desde *The Ring and the Book* (*O anel e o livro*), livro que publicou em 1868, passou a ser visto como um grande poeta, posição que seus dons de *causeur* e o brilho como pessoa, no retorno à vida literária em Londres, cada vez mais confirmariam. Onde antes o achavam obscuro, liam-no agora, velho sábio, por seu sabor enigmático.

O fino entendimento do casal, notado por muitos que conviveram com os dois, nos círculos anglo-americanos de Florença e de Roma, sofreu ameaças de estranheza e crise quando Elizabeth se deu, em grande parte instigada por amigas, a um período de atração pelo oculto. Considerando aquilo charlatanice, Robert nunca participou das sessões de espiritismo, das experiências com mesas giratórias, psicografia, copos semoventes e outros meios, que constituíam na época o modismo que seduziu sua esposa. Se as divergências foram fortes, postos de um lado os limites da razão ultrajada, de outro o fascínio das esferas sem fim, nem por isso deixaram de resolver-se, porque a própria Elizabeth acabou se cansando das incursões pelo além. Outra divergência a perturbar o casal relacionava-se à criação do filho. O pai preferiria que ele usasse roupas normais. Mas a mãe só o vestia em trajes fantasiosos, de cetim e veludo, insistindo que o cabelo, que o pai preferiria curto, caísse em cachos nos ombros. Segundo ela, "Pen" ainda estava na idade da poesia. Só após os 12 anos, quando chegasse à idade da prosa, poderia cortar os cachos e usar tecidos mais sóbrios.

A partir do sucesso de *Aurora Leigh*, livro que Elizabeth concluiu, durante uma temporada na Inglaterra, na casa de seu amigo John Kenyon, a quem ela o dedicou com gratidão e carinho, novos golpes e perdas vieram complicar seu histórico, nos últimos anos do casamento. Kenyon, dois meses depois de receber a homenagem, morreu em dezembro de 1856. Em abril de 1857, morreu o pai de Elizabeth, Mr. Barrett, que nunca mais a reviu. Pior. Cabeçudo até o fim, nunca chegou a responder, nem mesmo a abrir, as várias cartas que a filha lhe escreveu a intervalos, sempre pedindo sua compreensão e perdão. Não os ter recebido foi mais um peso a abatê-la, porque o afeto que ela demonstra ter pelo pai, no diário da juventude, soa, malgrado tudo, profundo.

Os irmãos de Elizabeth, os homens, também a condenaram de início, tomados pelo espanto e a ofensa ao orgulho que sua audácia causou. Mas, com o passar do tempo e o nascimento de "Pen", voltaram à camaradagem de antes, correspondendo-se inclusive com Robert. As irmãs a apoiaram, embora nada pudessem fazer para recompor o convívio sob o teto paterno. Arabel, mais submissa, eternizou-se solteira. Henrietta, após um longo e camuflado namoro no interior da família, ousou casar-se com um primo e, ao seguir o exemplo da poeta e fugir, foi igualmente deserdada e relegada ao olvido. A transgressão e a maternidade, pois logo ela teve três filhos, aproximaram-na em particular de Elizabeth, cujo definhamento acentuouse, de modo irrecuperável, quando em novembro de 1860, com 50 anos, Henrietta morreu de câncer.

Com 55, Elizabeth morreu nos braços de Robert, na Casa Guidi, em 29 de junho de 1861. No céu de Florença, nessa noite, um cometa era visível. Os partidários da nova Itália, seu quinhão de liberdade, sua terra de adoção, prestaram-lhe grandes homenagens. Na imprensa e nos meios intelectuais britânicos, além dos elogios de praxe a uma escritora famosa, surgiram reações bem estranhas, movidas pelo teor aguerrido de sua ação feminista. Ao mencioná-la como "a maior poetisa da Inglaterra", *poetess* e não *poet*, quando em floreios registrou sua morte, a *Dublin University Magazine*, por exemplo, aproveitou a ocasião para rebater seus enfoques. "Ninguém podia negar sua grandeza", diz o texto da revista, acrescentando porém que "as máculas que vemos em suas obras, os pontos que aqui e ali obscurecem o disco solar de sua fama, podem ensinar-nos, especialmente às mulheres, uma lição de peso". Disco solar à parte, a obsoleta lição de peso era esta: "Que a função da mulher não é escrever, nem agir, nem ser famosa... mas amar".

A poesia política é a que mais envelhece. Por maior turbulência que provoque, no calor dos embates, em contextos futuros se apresenta sem as emoções que a impeliam. Se a poesia de amor, como essa causa não acaba, for das que mais em vida permanecem, a hipótese será comprovada pelo destino de Elizabeth Barrett Browning após a morte. Seus versos incisivos pela libertação das mulheres, dos escravos, da Itália, uma vez desaparecidas ou atenuadas as causas, acabaram deixando de ser lidos, a não ser por dever de ofício. Já os *Sonetos da portuguesa* se mantêm, e em breve farão dois séculos, como obra de constante interesse. No âmbito da literatura inglesa, com eles renovou-se a tradição do ciclo amatório, interrompida desde o Renascimento; com eles iniciou-se, por outro lado, a tradição vitoriana dos poemas longos e segmentados em blocos, com toques francos ou velados, nos temas, de experiência vivida, de que haveria exemplos, entre outros, em Tennyson (*Maud*, 1855), em George Meredith (*Modern Love*, 1862) e em Christina Rossetti (*Monna Innominata*, 1881).

Na língua de origem, o penúltimo soneto ("How do I love thee? Let me count the ways") é até hoje um dos mais populares. Poucos talvez se lembrem, ao repassá-lo em cartões de namorados, de sua origem e autora. Mas a resistência dessa história de amor e de seus versos ao desgaste no tempo se sedimentou em fortes etapas. Em 1930 uma peça de sucesso, *The Barretts of Wimpole Street*, de Rudolph Besier, foi parte ativa de uma revivescência da história, apimentada no teatro, numa época em que as visões freudianas impregnavam as discussões sobre sexo, pela insinuação de que os motivos do pai para manter a filha em clausura eram incestuosos. Nessa primeira revivescência ocorrida durante o século XX, de caráter mais romântico, se contraposta à segunda, que se iniciou por volta de 1970 e pesquisou principalmente a atuação político-feminista de Elizabeth, os *Sonetos da portuguesa* e a correspondência com Robert estiveram sempre em destaque, motivando variados estudos, biografias, reedições, traduções. Manuel Bandeira traduziu quatro dos 44 sonetos (os de número 6, 14, 28 e 43). Rainer Maria Rilke traduziu todo o ciclo.

Além de Miss Wilson, a fiel empregada, uma insuspeita testemunha ocular, "Flush", o cachorro de Elizabeth, que não saía de seu quarto a não ser em horas de aperto, acompanhou diuturnamente o namoro do casal de poetas, seguindo-os também depois, como a Wilson, na fuga para a França e a moradia na Itália. Outra mulher notável, cuja função foi igualmente escrever, agir, amar e ser famosa, Virginia Woolf, contou a história de Elizabeth e Robert da forma mais original entre todas: pelo olhar desse cachorro. Seu livro *Flush* (1933), sendo a biografia do cão, é o relato do que ele viu na clausura, depois na liberdade do amor, e fielmente nunca tinha contado.

LEONARDO FRÓES

DATAS

1806: em 6 de março, Elizabeth Barrett Moulton Barrett nasce em Coxhoe Hall, condado de Durham, na Inglaterra. Seu pai, Edward Barret Moulton Barrett, então com 20 anos, herdeiro de plantações tocadas por escravos na Jamaica, devia sua fortuna ao plantio de cana e à produção de açúcar e rum. A mãe, Mary Clarke Graham, teve ao todo 12 filhos, dos quais perdeu só um na infância. Morreu em 1828, com 48 anos.

1809: a família se instala em Hope End, grande fazenda no condado de Herefordshire, onde o pai constrói um palacete à oriental. O lago, os jardins e os bosques em torno do casarão com minaretes e domos são o cenário encantado da poeta precoce, que escreve versos desde menina e começa a estudar grego aos dez anos. Por essa época, já lia Homero com interesse, em especial a *Ilíada*, na tradução inglesa de Pope.

1817: tomando Homero e Pope por modelos, Elizabeth começa a escrever *The Battle of Marathon* (*A batalha de Maratona*), durante férias passadas em Ramsgate. Concluída a epopeia, que chegou aos 1.400 versos, o pai a imprime por conta própria, em 50 exemplares, em 1820. A "poeta laureada de Hope End" estava então com 14 anos.

1821: Elizabeth publica sua primeira colaboração numa revista, a *New Monthly Magazine*, e sofre as primeiras crises da doença não diagnosticada que a leva a quase um ano de tratamento em Gloucester.

1826: publica *An Essay on Mind, with Other Poems* (*Um ensaio sobre a mente e outros poemas*), seu primeiro livro de autora. O título alude ao famoso *An Essay on Man* (*Um ensaio sobre o homem*, 1733), de Alexander Pope.

1830: da avó paterna, que morre em dezembro, Elizabeth herda uma renda.

1831: escreve o diário de Hope End, que começa em 14 de junho de 1831 e termina em 23 de abril de 1832, registrando a melhor fase de sua juventude, quando ela se relaciona com Hugh Stuart Boyd, seu erudito professor de grego, e faz grandes avanços como autodidata.

1832: perdida a fazenda, a família se muda para um *cottage* alugado em Sidmouth, no sul da Inglaterra. Em seguida se transfere para Londres, ainda em casa alugada, e em 1838 se instala na nova casa própria e imponente, em 50 Wimpole Street.

1833: Elizabeth publica, em maio, sua tradução de Ésquilo, *Prometheus Bound* (*Prometeu acorrentado*), que fez em duas semanas. Mais tarde, arrependida da pressa, retirou exemplares de circulação e preparou uma versão revista, que incluiria na edição de 1850 de seus poemas reunidos.

1838: em junho, publica *The Seraphim, and Other Poems* (*O serafim e outros poemas*). Em agosto, após passar por grave crise, parte para uma temporada de convalescença em Torquay, à beira do canal da Mancha, que se prolonga por dois anos.

1840: ambos ainda muito jovens, morrem seus dois irmãos mais velhos, a poucos meses de intervalo – Sam de febre amarela, na Jamaica; Edward, o "Bro", afogado na baía de Torquay. Em setembro de 1841, física e mentalmente abalada, Elizabeth volta para Wimpole Street e entra em reclusão aguda.

1844: publica *Poems*, coletânea em dois volumes que faz grande sucesso e traz o poema "Catarina to Camoens".

1845: inicia-se a correspondência de amor, prolongada até setembro do ano seguinte, com a primeira carta de Robert Browning a Elizabeth, datada de 10 de janeiro. Mas só em maio, na primavera, ele conseguiria fazer-lhe uma primeira visita.

1846: em 12 de setembro, os dois se casam em segredo na igreja anglicana de St. Marylebone, próxima à residência dos Barrett em Wimpole Street, Londres. Em 19 de setembro, a caminho da Itália, embarcam para Paris, via Southampton e Le Havre. Miss Wilson, a criada de quarto de Elizabeth, e "Flush", seu fiel *cocker spaniel*, embarcam juntos.

1849: em 9 de março, na amada Casa Guidi em Florença, onde o casal fixara residência desde o ano anterior, nasce seu filho, Robert Wiedemann Barrett Browning, tratado apenas por "Pen".

1850: Elizabeth inclui os *Sonetos da portuguesa* na nova edição dos seus poemas reunidos, tão bem recebida quanto a anterior, a de 1844.

1851: publica *Casa Guidi Windows* (*Janelas da Casa Guidi*), longo poema em duas partes pela liberdade da Itália. Em maio, com um primeiro e breve retorno a Londres, o casal daria início a uma década de muitas viagens, principalmente a Paris, Londres e Roma, mas também a locais de veraneio.

1856: em dezembro, morre John Kenyon, que deixa um legado para cada um de seus amigos queridos, Elizabeth e Robert, sempre protegidos por ele.

1857: Elizabeth publica *Aurora Leigh*, romance em versos brancos (não rimados) pela libertação das mulheres. Resultado de anos de trabalho, com extensão épica, é o coroamento de sua fase política, que abordou outras questões sociais e inclui poemas enérgicos, de particular ressonância nos Estados Unidos, contra a escravidão dos negros. Em abril, morre o pai de Elizabeth, Mr. Barrett, sem nunca ter revisto a filha, cuja saúde entra em progressivo declínio.

1860: em novembro, morre sua irmã Henrietta, que também tinha se casado contra a vontade do pai.

1861: em 29 de junho, pouco após o retorno de uma temporada em Roma, Elizabeth morre nos braços de Robert, na Casa Guidi, sendo enterrada no cemitério protestante de Florença.

1889: em 12 de dezembro, 28 anos depois da esposa, Robert Browning morre no *palazzo* de seu filho "Pen" em Veneza, ao visitá-lo. Na maior parte desse tempo, nunca voltando a se casar, tinha vivido com a irmã Sarianna em Londres, onde foi enterrado, com todas as honras, no Poets' Corner da abadia de Westminster.

BIBLIOGRAFIA UTILIZADA

Barrett Browning, Elizabeth. *The Complete Poetical Works*. Cutchogue, Nova York: Buccaneer Books, 1993.

_____ *Selected Poems*. Introd. Christopher Moore. Nova York: Gramercy Books, 1995.

_____ *The Early Diary*, "The Barretts at Hope End". Org. e introd. Elizabeth Berridge. Londres: John Murray, 1974.

Bloom, Harold, org. *Elizabeth Barrett Browning*. Modern Critical Views. Filadélfia: Chelsea House Publishers, 2002.

Browning, Robert [o pai]. *The Essential Browning*. Org. Douglas Dunn. Nova York: Galahad Books, 1992.

Browning, Robert [o filho "Pen"], org. *The Letters of Robert Browning and Elizabeth Barret Barrett, 1845-1846*. Nova York e Londres: Harper & Brothers, Publishers. Ed. fac-similar, s.d., da primeira edição [1899].

Dennis, Barbara. *Elizabeth Barrett Browning, The Hope End Years*. Border Lines Series. Bridgend, Wales: Poetry Wales Press Ltd, 1996.

Domingues, Mário. *Camões, a sua vida e a sua época*. 2ª ed. Lisboa: Livraria Romano Torres, 1980.

Forster, Margaret. *Elizabeth Barrett Browning, The Life and Loves of a Poet*. Nova York: St. Martin's Press, 1988.

Hayter, Alethea. *Opium and the Romantic Imagination*. Berkeley: University of California Press, 1970.

Karlin, Daniel. *The Courtship of Robert Browning and Elizabeth Barrett*. Oxford: Clarendon Press, 1985.

Markus, Julia. *Dared and Done, The Marriage of Elizabeth Barrett and Robert Browning*. Nova York: Knopf, 1995.

Mermin, Dorothy. *Elizabeth Barrett Browning, The Origins of a New Poetry*. Chicago e Londres: University of Chicago Press, 1989.

Mendes, Oscar. "Robert e Elizabeth Barrett Browning", em *Estética literária inglesa*. Belo Horizonte: Itatiaia, 1983.

Neville-Sington, Pamela. *Robert Browning, A Life After Death*. Londres: Phoenix, 2005.

Woolf, Virginia. *Flush, A Biography*. Introd. Trekkie Ritchie. San Diego: Harvest, 1983.

_____ "Aurora Leigh", em *The Common Reader*, vol. II. Londres: Vintage, 2003.

Este livro foi composto em Stone Informal, corpo 10/16,
e impresso em papel Chamois Fine,
em 2011 nas oficinas da JPA para a Editora Rocco.